입이 트이는 중국어 ❹

머리말

三人行, 必有我师。
세 사람이 길을 가면, 그 가운데 반드시 나의 스승이 있다. -『논어』

입이 트이는 중국어 1~3권에서 중국어의 발음과 기본 문형을 익혔다면, 4권부터는 일상생활에서 유용하게 활용할 수 있는 다양한 회화를 상황별로 정리했습니다. 중국어를 반복 연습하기 전에 대화의 전체적인 상황을 숙지하는 것도 중국어를 익히는 데 아주 큰 도움이 됩니다. 각 과에 나오는 상황을 꼭 숙지하시기 바랍니다. 그리고 4~6권을 학습하기 이전에 가장 효율적인 중국어 학습법을 소개하고자 합니다.

얼마 전 초등학생 중국어 캠프에서 아이들과 함께 중국어를 공부했는데요, 아이들과 함께 1박 2일을 지내면서 제가 얻은 것이 두 가지 있습니다. 그중 한 가지는 초등학교 1학년 학생들에게는 놀면서 공부하는 것이 가장 효율적인 중국어 학습법이라는 것입니다. 마치 입이 트이는 중국어가 추구하는 바와 같이 '외우지 말고 즐겁게 배우자'라는 것이죠. 나머지 한 가지는 캠프에서 만난 어린 꼬마 아이의 이야기인데요, 아직도 그 여운이 쉽게 가시지 않고 있습니다.

놀랍게도 그 아이는 첫날 배운 중국어를 이튿날 전부 기억하고 있었습니다.

"우리 친구는 어제 배운 것을 어떻게 벌써 다 외웠어요?"

"밥 먹기 전에 한 번 읽고요, 밥 먹고 나서 한 번 더 읽었어요. 화장실 가기 전에 한 번 읽고요, 화장실 다녀와서 한 번 읽고요. TV 보기 전에 한 번 읽고, 잠자기 전에 한 번 읽고…"

천천히, 또박또박 말하는 작은 꼬마 아이의 말이 무엇인지 금방 알았지만, 저는 끝까지 경청했습니다. 그 아이의 대답은 중국어 학습은 물론, 중국어를 어떻게 교육해야 하는지 그 방법을 제시해 주었기 때문입니다.

부족한 점이 많은 교재이지만, 이 책이 여러분들의 중국어 학습에 조금이라도 도움이 되길 바랍니다. 그리고 다시 한 번 이 책이 나오기까지 많은 도움을 주신 분들께 감사를 표합니다.

홍상욱 올림

목차

DAY 1 당신의 이름은 무엇입니까? ·············· 07

DAY 2 잘 부탁드립니다 ························· 17

DAY 3 은행은 병원 옆에 있어요 ················ 27

DAY 4 당신은 무엇을 좋아합니까? ·············· 37

DAY 5 좀 싸게 해 줄 수 없나요? ··············· 47

DAY 6 비행기 표 한 장을 예약하고 싶어요 ······· 57

DAY 7 어디서 중국어를 배웠나요? ·············· 67

DAY 8 운동화를 한 켤레 사고 싶어요 ············ 77

DAY 9 여기서 어떻게 가나요? ·················· 87

DAY 10 우리 몇 시에 어디서 만날까요? ·········· 97

DAY 11 핸드폰 번호를 알려 주실 수 있나요? ······ 107

DAY 12 우리는 2학년이야 ················· 117

DAY 13 가방을 지하철에 놓고 내렸어요 ······· 127

DAY 14 저는 영업부의 장밍이라고 합니다 ······ 137

DAY 15 방을 하나 예약하고 싶습니다 ········· 147

DAY 16 같이 배드민턴 치러 가실래요? ········ 157

DAY 17 매일 몇 시에 일어나요? ············ 167

DAY 18 제 취미는 영화 감상입니다 ·········· 177

DAY 19 집세가 얼마인가요? ··············· 187

DAY 20 어디가 불편하세요? ··············· 197

DAY 01

당신의 이름은 무엇입니까?

학습목표

자기소개와 관련된 표현을 배웁니다.

你叫什么名字?
당신의 이름은 무엇입니까?

1단계: 해석	2단계: 병음
새로 오신 분인가요?	Nǐ shì xīn lái de ma?
새로 왔습니다.	Shì xīn lái de.
이름이 뭐예요?	Nǐ jiào shénme míngzi?
김철수입니다.	Wǒ jiào Jīn Zhézhū.
올해 몇 살이에요?	Nǐ jīnnián duō dà?
올해 스물 여덟입니다.	Wǒ jīnnián èrshíbā suì.

MP3를 들으며 3번 반복하세요. 🎧 4-1-1.mp3

1회 ⚪ 2회 ⚪ 3회 ⚪

3단계: 한자

你是新来的吗?

是新来的。

你叫什么名字?

我叫金哲洙。

你今年多大?

我今年二十八岁。

단어

新 xīn
새로, 방금

叫 jiào
부르다

名字 míngzi
이름

今年 jīnnián
올해

多大 duō dà
몇 살입니까

岁 suì
세, 살　연령을 세는 단위

DAY 1 당신의 이름은 무엇입니까? | 9

名字叫英姬
이름은 영희입니다

1단계: 해석

먼저 자기소개를 좀 부탁 드립니다.

저는 이씨인데, 나무목에 아들자를 합친 이입니다. 이름은 영희입니다.

저는 한국에서 왔습니다.

학생이고, 대학교 2학년입니다.

전공은 중국어입니다.

중국에 온 지 1년 반 됐습니다.

2단계: 병음

Nǐ xiān jièshào yíxià zìjǐ.

Wǒ xìng Lǐ, mù zǐ Lǐ.
Míngzi jiào Yīngjī.

Wǒ shì cóng Hánguó lái de.

Wǒ shì xuésheng,
dàxué èr niánjí.

Wǒ de zhuānyè shì Zhōngwén.

Wǒ lái Zhōngguó yì nián bàn le.

3단계: 한자

你先介绍一下自己。

我姓李, 木子李。
名字叫英姬。

我是从韩国来的。

我是学生, 大学二年级。

我的专业是中文。

我来中国一年半了。

단어

先 xiān
먼저, 우선

一下 yíxià
좀~하다

从 cóng
~부터

年级 niánjí
학년

专业 zhuānyè
전공

半 bàn
반

请问, 您是王先生吗?

말씀 좀 묻겠습니다. 왕 선생님이신가요?

1단계: 해석

말씀 좀 묻겠습니다.
왕 선생님이신가요?

네, 왕씨인데요.

이게 선생님 택배인가요?

이건 제 택배가 아닙니다.
아래층에 사는 분도 왕씨인데요.

죄송합니다.

괜찮습니다.
아래층으로 내려가 보세요.

2단계: 병음

Qǐngwèn,
nín shì Wáng xiānsheng ma?

Shì, wǒ xìng Wáng.

Zhè shì nín de kuàidì ma?

Zhè bú shì wǒ de kuàidì.
Lóuxià zhù de rén yě xìng Wáng.

Bù hǎoyìsi.

Méi guānxi, nǐ qù lóuxià ba.

MP3를 들으며 3번 반복하세요. 🎧 4-1-3.mp3

1회 ○ 2회 ○ 3회 ○

3단계: 한자

请问, 您是王先生吗?

是, 我姓王。

这是您的快递吗?

这不是我的快递。
楼下住的人也姓王。

不好意思。

没关系, 你去楼下吧。

단어

先生 xiānsheng
선생님, 씨   성인 남성에 대한 경칭

姓 xìng
성

快递 kuàidì
택배

楼下 lóuxià
아래층

不好意思 bù hǎoyìsi
미안합니다

没关系 méi guānxi
괜찮다

张女士做什么工作?

장 여사님은 어떤 일을 하시나요?

1단계: 해석

장 여사님은 어떤 일을 하시나요?

그녀는 요리사입니다.

그녀가 만든 요리는 당연히 맛있겠죠?

정말 맛있습니다.

어떤 요리를 제일 맛있게 만드시나요?

쓰촨 사람이기 때문에, 쓰촨 요리를 가장 잘합니다.

2단계: 병음

Zhāng nǚshì zuò shénme gōngzuò?

Tā shì chúshī.

Tā zuò de cài yídìng hěn hǎochī ba?

Fēicháng hǎochī.

Tā zuò shénme cài zuì hǎochī?

Tā shì Sìchuān rén, zuò Sìchuān cài hěn bàng.

3단계: 한자

张女士做什么工作？

她是厨师。

她做的菜一定很好吃吧？

非常好吃。

她做什么菜最好吃？

她是四川人，做四川菜很棒。

단어

女士 nǚshì
여사, 숙녀 성인 여성에 대한 경칭

工作 gōngzuò
일하다

厨师 chúshī
요리사

一定 yídìng
꼭, 반드시

最 zuì
가장

棒 bàng
좋다, 훌륭하다

🗣️ 우리말을 보고 중국어로 말해 봅시다.

1. 당신의 이름은 무엇입니까?

2. 이름은 영희입니다.

3. 말씀 좀 묻겠습니다. 왕 선생님이신가요?

4. 장 여사님은 어떤 일을 하시나요?

🗣️ 병음과 한자를 보고 우리말로 말해 봅시다.

1. Nǐ jiào shénme míngzi? 你叫什么名字?

2. Míngzi jiào Yīngjī. 名字叫英姬。

3. Qǐngwèn, nín shì Wáng xiānsheng ma? 请问, 您是王先生吗?

4. Zhāng nǚshì zuò shénme gōngzuò? 张女士做什么工作?

DAY 02

잘 부탁드립니다

학습목표
자기소개와 관련된 다양한 표현을 배웁니다.

初次见面, 请多多关照

처음 뵙겠습니다. 잘 부탁드립니다

1단계: 해석

이 분은 김사장님이고,
이 분은 왕사장님입니다.

왕사장님, 처음 뵙겠습니다.
잘 부탁드립니다.

안녕하세요! 들어오세요!
앉으세요! 차 드세요.

고맙습니다!

오시느라 힘드셨죠?

조금도 힘들지 않습니다.

2단계: 병음

Zhè wèi shì Jīn lǎobǎn,
zhè wèi shì Wáng lǎobǎn.

Wáng lǎobǎn, chūcì jiànmiàn,
qǐng duōduō guānzhào.

Nín hǎo! Qǐng jìn! Qǐng zuò!
Qǐng hē chá.

Xièxie!

Lùshang lèi bu lèi?

Yìdiǎnr yě bú lèi.

3단계: 한자

这位是金老板,
这位是王老板。

王老板, 初次见面,
请多多关照。

您好! 请进! 请坐! 请喝茶。

谢谢!

路上累不累?

一点儿也不累。

단어

位 wèi
분, 명 공경의 뜻을 내포함

老板 lǎobǎn
사장, 주인

初次 chūcì
처음

关照 guānzhào
돌보다, 보살피다

路上 lùshang
도중에, 길에서

累 lèi
힘들다

我非常喜欢蓝色
저는 파란색을 매우 좋아합니다

1단계: 해석	2단계: 병음
이것은 당신의 것입니까?	Zhè shì nín de ma?
맞아요, 이것은 제 차입니다.	Duì, zhè shì wǒ de chē.
새것인가요 아니면 중고인가요?	Shì xīn de háishi èrshǒu de?
당연히 새것이죠.	Dāngrán shì xīn de.
파란색을 좋아하시나요?	Nín xǐhuan lánsè ma?
저는 파란색을 매우 좋아합니다.	Wǒ fēicháng xǐhuan lánsè.

MP3를 들으며 3번 반복하세요. 4-2-2.mp3

1회 ◯ 2회 ◯ 3회 ◯

3단계: 한자

这是您的吗?

对, 这是我的车。

是新的还是二手的?

当然是新的。

您喜欢蓝色吗?

我非常喜欢蓝色。

단어

车 chē
차

还是 háishi
또는, 아니면

二手 èrshǒu
중고의

当然 dāngrán
당연하다

喜欢 xǐhuan
좋아하다

蓝色 lánsè
파란색

我是上个月来中国的

저는 지난달에 중국에 왔어요

1단계: 해석

당신은 언제 중국에 왔나요?

저는 지난달에 중국에 왔어요.

공부하러 왔나요,
아니면 일하러 왔나요?

둘 다 아니고, 여행하러 왔어요.

혼자 왔나요?

저는 혼자 여행하는 걸 좋아해요.

2단계: 병음

Nǐ shì shénme shíhou lái Zhōngguó de?

Wǒ shì shàng ge yuè lái Zhōngguó de.

Shì lái xuéxí, háishi lái gōngzuò?

Dōu bú shì, shì lái lǚyóu de.

Shì yí ge rén lái de ma?

Wǒ hěn xǐhuan yí ge rén lǚyóu.

MP3를 들으며 3번 반복하세요. 4-2-3.mp3

1회 ○ 2회 ○ 3회 ○

3단계: 한자

你是什么时候来中国的?

我是上个月来中国的。

是来学习, 还是来工作?

都不是, 是来旅游的。

是一个人来的吗?

我很喜欢一个人旅游。

단어

什么时候
shénme shíhou
언제

上个月 shàng ge yuè
지난달

学习 xuéxí
학습하다, 공부하다

都 dōu
모두

旅游 lǚyóu
여행하다

一个人 yí ge rén
혼자

你姐姐今年多大了?

당신의 언니는 올해 몇 살인가요?

1단계: 해석	2단계: 병음
아버님은 연세가 어떻게 되십니까?	Nǐ bàba duō dà niánjì?
저희 아버지는 57세입니다.	Wǒ bà wǔshíqī suì.
여동생은 올해 몇 살인가요?	Nǐ mèimei jīnnián jǐ suì le?
그녀는 여덟 살입니다.	Tā bā suì le.
언니는 올해 몇 살인가요?	Nǐ jiějie jīnnián duō dà le?
저희 언니는 28살입니다.	Wǒ jiějie èrshíbā suì.

MP3를 들으며 3번 반복하세요. 4-2-4.mp3

1회 ◯ 2회 ◯ 3회 ◯

3단계: 한자

你爸爸多大年纪?

我爸五十七岁。

你妹妹今年几岁了?

她八岁了。

你姐姐今年多大了?

我姐姐二十八岁。

단어

爸爸 bàba
아버지

年纪 niánjì
연세

妹妹 mèimei
여동생

几 jǐ
몇

姐姐 jiějie
언니

了 le
동작의 완료를 나타냄

🔊 우리말을 보고 중국어로 말해 봅시다.

1. 처음 뵙겠습니다, 잘 부탁드립니다.

2. 저는 파란색을 매우 좋아합니다.

3. 저는 지난달에 중국에 왔어요.

4. 당신의 언니는 올해 몇 살인가요?

🔊 병음과 한자를 보고 우리말로 말해 봅시다.

1. Chūcì jiànmiàn, qǐng duōduō guānzhào. 初次见面,请多多关照。

2. Wǒ fēicháng xǐhuan lán sè. 我非常喜欢蓝色。

3. Wǒ shì shàng ge yuè lái Zhōngguó de. 我是上个月来中国的。

4. Nǐ jiějie jīnnián duō dà le? 你姐姐今年多大了?

DAY 03

은행은 병원 옆에 있어요

사물의 위치와 관련된 다양한 표현을 배웁니다.

银行在医院旁边
은행은 병원 옆에 있어요

1단계: 해석

은행은 어디 있나요?

은행은 병원 옆에 있어요.

병원 맞은편은 어떤 곳인가요?

병원 맞은편은 패션몰입니다.

멀지 않아요?

그다지 멀지 않아요, 가까워요.

2단계: 병음

Yínháng zài nǎr?

Yínháng zài yīyuàn pángbiān.

Yīyuàn duìmiàn shì shénme dìfang?

Yīyuàn duìmiàn shì fúzhuāngchéng.

Yuǎn bu yuǎn?

Bú tài yuǎn, hěn jìn.

3단계: 한자

银行在哪儿？

银行在医院旁边。

医院对面是什么地方？

医院对面是服装城。

远不远？

不太远, 很近。

단어

在 zài
~에 있다

旁边 pángbiān
옆

对面 duìmiàn
맞은편

服装城 fúzhuāngchéng
패션몰, 의류 쇼핑센터

远 yuǎn
멀다

近 jìn
가깝다

手机在桌子上

핸드폰은 테이블 위에 있어요

1단계: 해석

당신의 핸드폰은 어디 있나요?

핸드폰은 테이블 위에 있어요.

핸드폰 테이블 위에 없는데요.

그럼 아마 소파 위에 있을 겁니다.

소파 위에도 없어요.

제가 다시 찾아보죠.

2단계: 병음

Nǐ de shǒujī zài nǎr?

Shǒujī zài zhuōzi shang.

Shǒujī bú zài zhuōzi shang.

Nàme kěnéng zài shāfā shang.

Yě bú zài shāfā shang.

Wǒ zài zhǎozhao.

3단계: 한자

你的手机在哪儿？

手机在桌子上。

手机不在桌子上。

那么可能在沙发上。

也不在沙发上。

我再找找。

단어

手机 shǒujī
핸드폰

桌子 zhuōzi
탁자, 테이블

可能 kěnéng
아마~일지도 모른다

沙发 shāfā
소파

再 zài
다시

找 zhǎo
찾다

书柜在沙发右边
책장은 소파 오른쪽에 있어요

1단계: 해석	2단계: 병음
당신의 책은 의자 위에 있어요.	Nǐ de shū zài yǐzi shang.
책장은 소파 오른쪽에 있어요.	Shūguì zài shāfā yòubian.
잡지는 컴퓨터 왼쪽에 있어요.	Zázhì zài diànnǎo zuǒbian.
전화는 테이블 위에 있어요.	Diànhuà zài zhuōzi shang.
축구공은 의자 밑에 있어요.	Zúqiú zài yǐzi xiàbian.
옷은 옷장 안에 있어요.	Yīfu zài yīguì lǐbian.

3단계: 한자

你的书在椅子上。

书柜在沙发右边。

杂志在电脑左边。

电话在桌子上。

足球在椅子下边。

衣服在衣柜里边。

단어

椅子 yǐzi
의자

书柜 shūguì
책장

右边 yòubian
오른쪽

左边 zuǒbian
왼쪽

下边 xiàbian
아래쪽

里边 lǐbian
안쪽

留学生办公室在几楼?
유학생 사무실은 몇 층인가요?

1단계: 해석

강의동은 어디 있나요?

앞에 있는 저 건물이 강의동입니다.

유학생 사무실은 몇 층인가요?

5층입니다.

몇 호죠?

507호입니다.

2단계: 병음

Jiàoxuélóu zài nǎr?

Qiánbian de nàge lóu shì jiàoxuélóu.

Liúxuéshēng bàngōngshì zài jǐ lóu?

Zài wǔ lóu.

Jǐ hào?

Wǔ líng qī hào.

3단계: 한자

教学楼在哪儿?

前边的那个楼是教学楼。

留学生办公室在几楼?

在五楼。

几号?

五零七号。

단어

教学楼 jiàoxuélóu
강의동

前边 qiánbian
앞쪽

楼 lóu
건물

办公室 bàngōngshì
사무실

号 hào
호

零 líng
0 영, 제로

🔊 우리말을 보고 중국어로 말해 봅시다.

1. 은행은 병원 옆에 있어요.

2. 핸드폰은 테이블 위에 있어요.

3. 책장은 소파 오른쪽에 있어요.

4. 유학생 사무실은 몇 층인가요?

🔊 병음과 한자를 보고 우리말로 말해 봅시다.

1. Yínháng zài yīyuàn pángbiān. 银行在医院旁边。

2. Shǒujī zài zhuōzi shang. 手机在桌子上。

3. Shūguì zài shāfā yòubian. 书柜在沙发右边。

4. Liúxuéshēng bàngōngshì zài jǐ lóu? 留学生办公室在几楼?

DAY 04

당신은 무엇을 좋아합니까?

취미, 좋아하는 것과 관련된 다양한 표현을 배웁니다.

喜欢吃什么菜?
어떤 요리를 좋아하나요?

1단계: 해석	2단계: 병음
당신은 중국요리를 좋아하나요?	Nǐ xǐhuan chī zhōngguócài ma?
저는 중국요리를 무척 좋아합니다.	Wǒ hěn xǐhuan chī zhōngguócài.
어떤 요리를 좋아하나요?	Xǐhuan chī shénme cài?
꿔바로우를 좋아합니다.	Xǐhuan chī guōbāoròu.
만두를 좋아하나요?	Xǐ bu xǐhuan chī jiǎozi?
좋아하죠, 그런데 찐빵을 더 좋아합니다.	Xǐhuan, kěshì gèng xǐhuan chī bāozi.

MP3를 들으며 3번 반복하세요. 4-4-1.mp3

1회 ◯ 2회 ◯ 3회 ◯

3단계: 한자

你喜欢吃中国菜吗?

我很喜欢吃中国菜。

喜欢吃什么菜?

喜欢吃锅包肉。

喜不喜欢吃饺子?

喜欢, 可是更喜欢吃包子。

단어

喜欢 xǐhuan
좋아하다

中国菜 zhōngguócài
중국요리

锅包肉 guōbāoròu
꿔바로우　중국식 찹쌀탕수육

饺子 jiǎozi
만두

可是 kěshì
그러나, 하지만

包子 bāozi
찐빵

我喜欢上网买东西

인터넷 쇼핑을 좋아합니다

1단계: 해석

뭐 하는 걸 좋아하세요?

인터넷 쇼핑을 좋아합니다.

그는 뭐 하는 걸 좋아하나요?

그는 한자 쓰는 것을 좋아합니다.

언니는 뭐 하는 걸 좋아하나요?

언니는 등산을 좋아합니다.

2단계: 병음

Nǐ xǐhuan zuò shénme?

Wǒ xǐhuan shàngwǎng mǎi dōngxi.

Tā xǐhuan zuò shénme?

Tā xǐhuan xiě Hànzì.

Jiějie xǐhuan zuò shénme?

Jiějie xǐhuan páshān.

3단계: 한자

你喜欢做什么?

我喜欢上网买东西。

他喜欢做什么?

他喜欢写汉字。

姐姐喜欢做什么?

姐姐喜欢爬山。

단어

做 zuò
하다

上网 shàngwǎng
인터넷을 하다

东西 dōngxi
물건

写 xiě
쓰다

汉字 Hànzì
한자

爬山 páshān
등산하다

你喜欢喝茶吗?
당신은 차 마시는 걸 좋아합니까?

1단계: 해석

영화 보는 거 좋아하세요?

저는 중국 영화 보는 걸 매우 좋아합니다.

차 마시는 걸 좋아하시나요?

좋아하지 않아요, 저는 커피를 좋아합니다.

어떤 운동 하는 걸 좋아하시나요?

저는 테니스 치는 걸 좋아해요.

2단계: 병음

Nǐ xǐhuan kàn diànyǐng ma?

Wǒ hěn xǐhuan kàn Zhōngguó diànyǐng.

Nǐ xǐhuan hē chá ma?

Bù xǐhuan, wǒ xǐhuan hē kāfēi.

Nǐ xǐhuan zuò shénme yùndòng?

Wǒ xǐhuan dǎ wǎngqiú.

3단계: 한자

你喜欢看电影吗?

我很喜欢看中国电影。

你喜欢喝茶吗?

不喜欢, 我喜欢喝咖啡。

你喜欢做什么运动?

我喜欢打网球。

단어

电影 diànyǐng
영화

茶 chá
차

咖啡 kāfēi
커피

运动 yùndòng
운동

打 dǎ
치다

网球 wǎngqiú
테니스

我们以后用微信聊天吧

우리 앞으로 위챗으로 대화해요

1단계: 해석

위챗 사용하세요?

저는 위챗으로 메시지 보내는 걸 좋아합니다. 당신은요?

저도 좋아합니다.

우리 앞으로 위챗으로 대화해요.

그렇게 하면 아주 편리해요.

당신의 ID를 알려 주세요.

2단계: 병음

Nǐ yòng Wēixìn ma?

Wǒ xǐhuan yòng Wēixìn fā duǎnxìn. Nǐ ne?

Wǒ yě xǐhuan.

Wǒmen yǐhòu yòng Wēixìn liáotiān ba.

Zhèyàng hěn fāngbiàn.

Gàosu wǒ nǐ de ID.

3단계: 한자

你用微信吗?

我喜欢用微信发短信。你呢?

我也喜欢。

我们以后用微信聊天吧。

这样很方便。

告诉我你的ID。

단어

微信 Wēixìn
WeChat, 위챗 중국판 카카오톡

发 fā
보내다

短信 duǎnxìn
문자, 메시지

聊天 liáotiān
잡담, 채팅

方便 fāngbiàn
편리하다

告诉 gàosu
알리다

복습하기

🗣 **우리말을 보고 중국어로 말해 봅시다.**

1. 어떤 요리를 좋아하나요?

2. 인터넷 쇼핑을 좋아합니다.

3. 당신은 차 마시는 걸 좋아합니까?

4. 우리 앞으로 위챗으로 대화해요.

🗣 **병음과 한자를 보고 우리말로 말해 봅시다.**

1. Xǐhuan chī shénme cài? 喜欢吃什么菜?

2. Wǒ xǐhuan shàngwǎng mǎi dōngxi. 我喜欢上网买东西。

3. Nǐ xǐhuan hē chá ma? 你喜欢喝茶吗?

4. Wǒmen yǐhòu yòng Wēixìn liáotiān ba. 我们以后用微信聊天吧。

DAY 05

좀 싸게 해 줄 수 없나요?

학 습 목 표

물건을 살 때 사용하는 다양한 표현을 배웁니다.

不能便宜一点儿吗?
좀 싸게 해 줄 수 없나요?

1단계: 해석	2단계: 병음
무엇을 원하십니까?	Nín yào shénme?
이거요. 이거 얼마에 파나요?	Wǒ yào zhège. Zhège zěnme mài?
한 근에 10위안이요.	Shí kuài qián yì jīn.
이 사과로 다섯 근 주세요.	Wǒ yào wǔ jīn zhège píngguǒ.
모두 50위안입니다.	Yígòng wǔshí kuài.
다섯 근 사는데, 좀 싸게 해 줄 수 없나요?	Mǎi wǔ jīn, bù néng piányi yìdiǎnr ma?

3단계: 한자

您要什么?

我要这个。这个怎么卖?

十块钱一斤。

我要五斤这个苹果。

一共五十块。

买五斤, 不能便宜一点儿吗?

단어

要 yào
원하다

卖 mài
팔다

斤 jīn
근

苹果 píngguǒ
사과

一共 yígòng
모두

便宜 piányi
싸다

您穿什么号的?
어떤 사이즈 입으세요?

1단계: 해석

이 옷 정말 예쁘네요.

이 옷 입으시면 분명 아주 예쁘실 거예요.

한번 입어 봐도 괜찮을까요?

물론 괜찮습니다, 어떤 사이즈 입으세요?

저는 스몰 사이즈 입어요.

잠시만 기다려 주세요.

2단계: 병음

Zhè jiàn yīfu hěn piàoliang.

Nín chuān zhège yídìng hěn piàoliang.

Wǒ kěyǐ chuān yíxià ma?

Dāngrán méi wèntí, nín chuān shénme hào de?

Wǒ chuān xiǎo hào de.

Qǐng děng yíxià.

MP3를 들으며 3번 반복하세요. 4-5-2.mp3

1회 ○ 2회 ○ 3회 ○

3단계: 한자

这件衣服很漂亮。

您穿这个一定很漂亮。

我可以穿一下吗?

当然没问题, 您穿什么号的?

我穿小号的。

请等一下。

단어

件 jiàn
벌, 개
옷과 같은 물건을 세는 수량 단위

穿 chuān
입다

可以 kěyǐ
~할 수 있다

小号 xiǎo hào
작은 사이즈

请 qǐng
~해 주세요

等 děng
기다리다

这个多少钱?
이거 얼마예요?

1단계: 해석

이거 얼마예요?

한 개에 20위안이요.

네? 왜 그렇게 비싸요?

비싸지 않아요.
다른 가게에 가서 물어보세요.

저 여기 자주 오는데, 좀 싸게
해 주세요.

몇 개 사실 건데요?

2단계: 병음

Zhège duōshao qián?

Èrshí kuài yí ge.

Á? Zěnme zhème guì?

Bú guì, nǐ qù bié de shāngdiàn wènwen.

Wǒ jīngcháng lái zhèr mǎi, piányi yìdiǎnr ba.

Nǐ yào mǎi jǐ ge?

MP3를 들으며 3번 반복하세요. 🎧 4-5-3.mp3

1회 ◯　2회 ◯　3회 ◯

3단계: 한자

这个多少钱？

二十块一个。

啊？怎么这么贵？

不贵，你去别的商店问问。

我经常来这儿买，
便宜一点儿吧。

你要买几个？

단어

多少钱 duōshao qián
얼마예요?

怎么 zěnme
어떻게

这么 zhème
이렇게

贵 guì
비싸다

经常 jīngcháng
늘, 자주

买 mǎi
사다

还要别的吗?
더 필요한 건 없으신가요?

1단계: 해석	2단계: 병음
모두 얼마예요?	Yígòng duōshao qián?
모두 180위안이에요.	Yígòng yìbǎibā.
200위안 드릴게요.	Gěi nǐ liǎngbǎi kuài.
20위안 거슬러 드릴게요, 더 필요한 건 없으신가요?	Zhǎo nǐ èrshí kuài, hái yào bié de ma?
다른 건 필요 없어요.	Bú yào bié de le.
다음에 또 오세요.	Huānyíng xiàcì zài lái.

3단계: 한자

一共多少钱?

一共一百八。

给你两百块。

找你二十块, 还要别的吗?

不要别的了。

欢迎下次再来。

단어

给 gěi
주다

块 kuài
위안 중국의 화폐 단위

找 zhǎo
거슬러 주다

还 hái
또, 더

别的 bié de
다른 것

下次 xiàcì
다음

🔊 우리말을 보고 중국어로 말해 봅시다.

1. 좀 싸게 해 줄 수 없나요?

2. 어떤 사이즈 입으세요?

3. 이거 얼마예요?

4. 더 필요한 건 없으신가요?

🔊 병음과 한자를 보고 우리말로 말해 봅시다.

1. Bù néng piányi yìdiǎnr ma? 不能便宜一点儿吗?

2. Nín chuān shénme hào de? 您穿什么号的?

3. Zhège duōshao qián? 这个多少钱?

4. Hái yào bié de ma? 还要别的吗?

DAY 06

비행기 표 한 장을 예약하고 싶어요

항공권 예약과 관련된 다양한 표현을 배웁니다.

我想订一张飞机票

저는 비행기 표 한 장을 예약하고 싶습니다

1단계: 해석

저는 비행기 표 한 장을 예약하고 싶습니다.

며칠에 어디로 가십니까?

이번 주 금요일에 상하이로 갑니다.

왕복인가요?

왕복권으로 주세요.

며칠에 돌아오세요?

2단계: 병음

Wǒ xiǎng dìng yì zhāng fēijīpiào.

Qǐngwèn, nín jǐ hào qù nǎr?

Zhège xīngqīwǔ qù Shànghǎi.

Yào wǎngfǎn de ma?

Yào wǎngfǎn de.

Jǐ hào huílái?

MP3를 들으며 3번 반복하세요. 🎧 4-6-1.mp3
1회 ◯ 2회 ◯ 3회 ◯

3단계: 한자

我想订一张飞机票。

请问, 您几号去哪儿?

这个星期五去上海。

要往返的吗?

要往返的。

几号回来?

단어

订 dìng
예약하다

张 zhāng
장

飞机票 fēijīpiào
비행기 표

星期五 xīngqīwǔ
금요일

往返 wǎngfǎn
왕복

回来 huílái
돌아오다

有下午的航班吗?
오후 비행기 있나요?

1단계: 해석

오후 비행기 있나요?

있습니다.
2시 반, 4시 40분 비행기가 있는데, 어떤 걸로 하시겠어요?

4시 40분 비행기로 할게요.

몇 장 필요하신가요?

두 장이요.

일반석으로 하시겠어요 아니면 일등석으로 하시겠어요?

2단계: 병음

Yǒu xiàwǔ de hángbān ma?

Yǒu. Liǎng diǎn bàn de, sì diǎn sìshí fēn de, nín yào nǎge?

Yào sì diǎn sìshí fēn de.

Nín yào jǐ zhāng?

Yào liǎng zhāng.

Nín yào jīngjìcāng háishi tóuděngcāng?

3단계: 한자

有下午的航班吗?

有。两点半的, 四点四十分的, 您要哪个?

要四点四十分的。

您要几张?

要两张。

您要经济舱还是头等舱?

단어

下午 xiàwǔ
오후

航班 hángbān
항공편

哪个 nǎge
어느 것

几 jǐ
몇

经济舱 jīngjìcāng
일반석

头等舱 tóuděngcāng
일등석

那么有星期六的票吗?

그럼 토요일 티켓은 있나요?

1단계: 해석

죄송합니다,
이번 주 금요일 상하이로 가는
비행기 표는 모두 예약되었습니다.

그럼 토요일 티켓은 있나요?

오전 비행기만 있는데,
괜찮으신가요?

괜찮습니다. 얼마죠?

편도는 20만원이고,
왕복은 34만원입니다.

알겠습니다. 스케줄을 확인해 보고
다시 전화로 알려 드리겠습니다.

2단계: 병음

Hěn bàoqiàn, zhège xīngqīwǔ qù Shànghǎi de fēijīpiào dōu dìngwán le.

Nàme yǒu xīngqīliù de piào ma?

Zhǐyǒu shàngwǔ de, kěyǐ ma?

Kěyǐ, duōshao qián?

Dānchéng shì èrshíwàn hányuán, wǎngfǎn shì sānshísìwàn hányuán.

Zhīdào le, kànle rìchéngbiǎo hòu, zài dǎ diànhuà gàosu nǐ.

3단계: 한자

很抱歉，这个星期五去上海的飞机票都订完了。

那么有星期六的票吗？

只有上午的，可以吗？

可以，多少钱？

单程是二十万韩元，往返是三十四万韩元。

知道了，看了日程表后，再打电话告诉你。

단어

抱歉 bàoqiàn
죄송합니다, 미안하게 생각하다

完 wán
끝나다, 완결되다
동사 뒤에 붙어 완료를 나타냄

那么 nàme
그러면, 그렇다면

只有 zhǐyǒu
~만 있다, ~밖에 없다

单程 dānchéng
편도

日程表 rìchéngbiǎo
스케줄

请给我看一下您的机票和护照

비행기 티켓과 여권을 저에게 보여 주세요

1단계: 해석	2단계: 병음
비행기 티켓과 여권을 저에게 보여 주세요.	Qǐng gěi wǒ kàn yíxià nín de jīpiào hé hùzhào.
여기요.	Gěi nín.
캐리어는 계속 휴대하시는 건가요?	Nín yìzhí dàizhe nín de xiāngzi ma?
네.	Shì.
안에 금지품은 없나요?	Lǐmiàn yǒu méiyǒu wéijìnpǐn?
없어요.	Méiyǒu.

3단계: 한자

请给我看一下您的机票和护照。

给您。

您一直带着您的箱子吗?

是。

里面有没有违禁品?

没有。

단어

机票 jīpiào
비행기 표, 티켓

护照 hùzhào
여권

一直 yìzhí
계속

带 dài
지니다

箱子 xiāngzi
여행 가방, 캐리어

违禁品 wéijìnpǐn
금지품

복습하기

🔊 우리말을 보고 중국어로 말해 봅시다.

1. 저는 비행기 표 한 장을 예약하고 싶습니다.

2. 오후 비행기 있나요?

3. 그럼 토요일 티켓은 있나요?

4. 비행기 티켓과 여권을 저에게 보여 주세요.

🔊 병음과 한자를 보고 우리말로 말해 봅시다.

1. Wǒ xiǎng dìng yì zhāng fēijīpiào. 我想订一张飞机票。

2. Yǒu xiàwǔ de hángbān ma? 有下午的航班吗?

3. Nàme yǒu xīngqīliù de piào ma? 那么有星期六的票吗?

4. Qǐng gěi wǒ kàn yíxià nín de jīpiào hé hùzhào. 请给我看一下您的机票和护照。

DAY 07

어디서 중국어를 배웠나요?

학습과 관련된 다양한 표현을 배웁니다.

你是在哪儿学习汉语的?

당신은 어디서 중국어를 배웠나요?

1단계: 해석

당신은 어디서 중국어를 배웠나요?

한국에서 배웠어요.

중국어 배우기 어렵나요?

조금 어려워요, 그런데 재미있어요.

중국으로 유학을 가고 싶지는 않은가요?

가고 싶어요.

2단계: 병음

Nǐ shì zài nǎr xuéxí Hànyǔ de?

Shì zài Hánguó xuéxí de.

Nǐ juéde xué Hànyǔ nán bu nán?

Yǒudiǎnr nán, kěshì hěn yǒu yìsi.

Nǐ xiǎng bu xiǎng qù Zhōngguó liúxué?

Hěn xiǎng qù.

MP3를 들으며 3번 반복하세요. 4-7-1.mp3

1회 ○ 2회 ○ 3회 ○

3단계: 한자

你是在哪儿学习汉语的?

是在韩国学习的。

你觉得学汉语难不难?

有点儿难, 可是很有意思。

你想不想去中国留学?

很想去。

단어

觉得 juéde
~라고 여기다

难 nán
어렵다

有点儿 yǒudiǎnr
조금, 약간

可是 kěshì
그러나, 하지만

有意思 yǒu yìsi
재미있다

留学 liúxué
유학하다

你现在有时间吗?

지금 시간 있어요?

1단계: 해석

지금 시간 있어요?

시간 있어요, 무슨 일이에요?

도서관에 가려고 하는데, 저랑 같이 가실래요?

좋아요, 도서관에 자주 가세요?

책 빌리러 자주 도서관에 가요. 당신은요?

저도 자주 가요. 책을 빌릴 때도 있고, 자료를 찾을 때도 있어요.

2단계: 병음

Nǐ xiànzài yǒu shíjiān ma?

Yǒu shíjiān, zěnme le?

Wǒ yào qù túshūguǎn, nǐ gēn wǒ yìqǐ qù, hǎo ma?

Hǎo, nǐ jīngcháng qù túshūguǎn ma?

Wǒ cháng qù túshūguǎn jiè shū. Nǐ ne?

Wǒ yě cháng qù. Yǒushí jiè shū, yǒushí chá zīliào.

3단계: 한자

你现在有时间吗?

有时间, 怎么了?

我要去图书馆, 你跟我一起去, 好吗?

好, 你经常去图书馆吗?

我常去图书馆借书。你呢?

我也常去。有时借书, 有时查资料。

단어

怎么了 zěnme le
무슨 일이야? 어떻게 된 거야?

一起 yìqǐ
함께

经常 jīngcháng
늘, 자주

借 jiè
빌리다

查 chá
검색하다, 찾다

资料 zīliào
자료

今天你有几门课?

오늘 수업 몇 개 있어요?

1단계: 해석

오늘 수업 몇 개 있어요?

오늘은 두 개인데, 회화랑 독해 수업이요.

또 무슨 수업 있어요?

듣기랑 체육 수업이 있어요.

왕 선생님은 너희들에게 무엇을 가르쳐 주시니?

선생님은 저희에게 독해와 듣기를 가르쳐 주세요.

2단계: 병음

Jīntiān nǐ yǒu jǐ mén kè?

Jīntiān yǒu liǎng mén kè, kǒuyǔ kè hé yuèdú kè.

Hái yǒu shénme kè?

Hái yǒu tīnglì kè hé tǐyù kè.

Wáng lǎoshī jiāo nǐmen shénme?

Tā jiāo wǒmen yuèdú hé tīnglì.

MP3를 들으며 3번 반복하세요. 4-7-3.mp3

1회 ◯　2회 ◯　3회 ◯

3단계: 한자

今天你有几门课?

今天有两门课, 口语课和阅读课。

还有什么课?

还有听力课和体育课。

王老师教你们什么?

她教我们阅读和听力。

단어

门 mén
과목, 가지
양사. 과목·기술 등에 쓰임

课 kè
수업

口语 kǒuyǔ
회화

阅读 yuèdú
독해

听力 tīnglì
듣기

教 jiāo
가르치다

我常看中国电影和电视剧
저는 중국 영화나 드라마를 자주 봐요

1단계: 해석

수업 끝나고 주로 무엇을 하나요?

본문 복습하고 새 단어 예습해요. 당신은요?

저는 중국 영화나 드라마를 자주 봐요.

알아들을 수 있어요?

처음에는 못 알아들었는데, 지금은 많이 알아들을 수 있게 되었어요.

정말 대단해요.

2단계: 병음

Xiàkè fàngxué yǐhòu cháng zuò shénme?

Fùxí kèwén, yùxí shēngcí. Nǐ ne?

Wǒ cháng kàn Zhōngguó diànyǐng hé diànshìjù.

Nǐ tīng de dǒng ma?

Kāishǐ shí tīng bu dǒng, xiànzài tīngdǒngle hěn duō.

Nǐ zhēn lìhai.

3단계: 한자

下课放学以后常做什么?

复习课文, 预习生词。你呢?

我常看中国电影和电视剧。

你听得懂吗?

开始时听不懂, 现在听懂了很多。

你真厉害。

단어

下课 xiàkè
수업이 끝나다

放学 fàngxué
수업을 마치다

电视剧 diànshìjù
TV드라마

懂 dǒng
이해하다

开始 kāishǐ
처음, 시작하다

厉害 lìhai
대단하다

우리말을 보고 중국어로 말해 봅시다.

1. 당신은 어디서 중국어를 배웠나요?

2. 지금 시간 있어요?

3. 오늘 수업 몇 개 있어요?

4. 저는 중국 영화나 드라마를 자주 봐요.

병음과 한자를 보고 우리말로 말해 봅시다.

1. Nǐ shì zài nǎr xuéxí Hànyǔ de? 你是在哪儿学习汉语的?

2. Nǐ xiànzài yǒu shíjiān ma? 你现在有时间吗?

3. Jīntiān nǐ yǒu jǐ mén kè? 今天你有几门课?

4. Wǒ cháng kàn Zhōngguó diànyǐng hé diànshìjù. 我常看中国电影和电视剧。

DAY 08

운동화를 한 켤레 사고 싶어요

학습목표
수량을 나타내는 표현을 활용한 다양한 표현을 배웁니다.

我想买一双运动鞋

운동화를 한 켤레 사고 싶어요

1단계: 해석

엄마 돈 있으세요?

있는데, 무슨 일이야? 돈 필요하니?

운동화를 한 켤레 사고 싶어요.

얼마 필요해?
200위안이면 충분하니?

부족해요. 500위안 필요해요.

1000위안 줄 테니까 두 켤레 사렴,
엄마도 하나 필요하거든.

2단계: 병음

Māma, nín yǒu qián ma?

Yǒu, zěnme le? Nǐ yào qián ma?

Wǒ xiǎng mǎi yì shuāng yùndòngxié.

Nǐ yào duōshao?
Liǎngbǎi kuài qián gòu ma?

Bú gòu, yào wǔbǎi kuài qián.

Gěi nǐ yìqiān kuài, mǎi liǎngshuāng ba, wǒ yě yào yì shuāng.

3단계: 한자

妈妈, 您有钱吗?

有, 怎么了? 你要钱吗?

我想买一双运动鞋。

你要多少? 两百块钱够吗?

不够, 要五百块钱。

给你一千块, 买两双吧,
我也要一双。

단어

钱 qián
돈

双 shuāng
짝, 켤레

运动鞋 yùndòngxié
운동화

百 bǎi
백

够 gòu
충분하다

千 qiān
천

一个蓝色的, 一个红色的
하나는 파란색으로, 하나는 빨간색으로요

1단계: 해석

이 운동화는 얼마예요?

550위안입니다.

500위안짜리 있어요?

있어요, 여기 이것들은 모두 500위안입니다.

두 켤레 살건데 하나는 파란색으로, 하나는 빨간색으로 주세요.

네, 모두 1000위안입니다.

2단계: 병음

Zhè shuāng yùndòngxié duōshao qián?

Wǔbǎiwǔ.

Yǒu wǔbǎi kuài de ma?

Yǒu, zhèxiē dōu shì wǔbǎi de.

Wǒ yào mǎi liǎng shuāng, yí ge lánsè de, yí ge hóngsè de.

Hǎo de, yígòng yìqiān kuài.

3단계: 한자

这双运动鞋多少钱？

五百五。

有五百块的吗？

有，这些都是五百的。

我要买两双，一个蓝色的，一个红色的。

好的，一共一千块。

단어

五百五 wǔbǎiwǔ
550

这些 zhèxiē
이런 것들, 이러한

都 dōu
모두

蓝色 lánsè
파란색

红色 hóngsè
빨간색

一共 yígòng
모두, 전부

你家有几口人?
당신의 가족은 몇 명입니까?

1단계: 해석

당신의 가족은 몇 명입니까?

저희 집 식구는 다섯 명인데, 할머니, 아버지, 어머니, 언니 그리고 저입니다.

할머니는 건강하신가요? 연세가 어떻게 되세요?

건강하시고, 올해 73세입니다.

아버지, 어머니는 어떤 일을 하시나요?

저희 아버지는 의사고, 어머니는 선생님입니다.

2단계: 병음

Nǐ jiā yǒu jǐ kǒu rén?

Wǒ jiā yǒu wǔ kǒu rén, nǎinai、bàba、māma、jiějie hé wǒ.

Nǎinai shēntǐ hǎo ma? Duō dà niánjì le?

Tā shēntǐ hěn hǎo, jīnnián qīshísān suì.

Nǐ bàba、māma zuò shénme gōngzuò?

Wǒ bàba shì yīshēng, wǒ māma shì lǎoshī.

MP3를 들으며 3번 반복하세요. 4-8-3.mp3

1회 ○ 2회 ○ 3회 ○

3단계: 한자

你家有几口人?

我家有五口人, 奶奶、爸爸、妈妈、姐姐和我。

奶奶身体好吗? 多大年纪了?

她身体很好, 今年七十三岁。

你爸爸、妈妈做什么工作?

我爸爸是医生, 我妈妈是老师。

단어

口 kǒu
식구

身体 shēntǐ
건강

年纪 niánjì
연세, 나이

工作 gōngzuò
일하다

医生 yīshēng
의사

老师 lǎoshī
선생님

这就是你工作的地方吗?

여기가 바로 당신이 일하는 곳입니까?

1단계: 해석

여기가 바로 당신이 일하는 곳입니까?

네, 저희 회사는 규모가 크지 않습니다.

정말 겸손하시네요, 이게 크지 않다니요?

정말 크지 않습니다, 총 20여 명의 직원이 있습니다.

직원은 모두 한국인입니까?

아니요, 외국인도 몇 명 있습니다.

2단계: 병음

Zhè jiù shì nǐ gōngzuò de dìfang ma?

Shì de, wǒmen gōngsī guīmó bú dà.

Nǐ tài qiānxū le, zhè hái bú dà?

Zhēn bú dà, yígòng yǒu èrshí duō ge yuángōng.

Yuángōng dōu shì Hánguórén ma?

Bú shì, hái yǒu yíbùfen wàiguórén.

3단계: 한자

这就是你工作的地方吗?

是的, 我们公司规模不大。

你太谦虚了, 这还不大?

真不大, 一共有二十多个员工。

员工都是韩国人吗?

不是, 还有一部分外国人。

단어

规模 guīmó
규모

大 dà
크다

谦虚 qiānxū
겸손하다

二十多 èrshí duō
20여

员工 yuángōng
직원

一部分 yíbùfen
일부의, 일부분

🔊 우리말을 보고 중국어로 말해 봅시다.

1. 운동화를 한 켤레 사고 싶어요.

2. 하나는 파란색으로, 하나는 빨간색으로요.

3. 당신의 가족은 몇 명입니까?

4. 여기가 바로 당신이 일하는 곳입니까?

🔊 병음과 한자를 보고 우리말로 말해 봅시다.

1. Wǒ xiǎng mǎi yì shuāng yùndòngxié. 我想买一双运动鞋。

2. Yí ge lánsè de, yí ge hóngsè de. 一个蓝色的，一个红色的。

3. Nǐ jiā yǒu jǐ kǒu rén? 你家有几口人？

4. Zhè jiù shì nǐ gōngzuò de dìfang ma? 这就是你工作的地方吗？

DAY 09

여기서 어떻게 가나요?

학습목표

목적지를 찾아가는 데 필요한 다양한 표현을 배웁니다.

学校里边有咖啡厅吗?
학교 안에 커피숍이 있나요?

1단계: 해석

학교 안에 커피숍이 있나요?

있어요. 도서관 건물에 커피숍이 있어요.

여기서 멀어요?

멀지 않아요,
우리 학교는 그리 크지 않아요.

몇 킬로미터입니까?

500미터요,
걸어서 10분도 걸리지 않아요.

2단계: 병음

Xuéxiào lǐbian yǒu kāfēitīng ma?

Yǒu, túshūguǎn lóuli yǒu kāfēitīng.

Lí zhèr yuǎn ma?

Bù yuǎn, wǒmen xuéxiào bú tài dà.

Yǒu duōshao gōnglǐ?

Wǔbǎi mǐ, zǒulù yòng bu liǎo shí fēnzhōng.

MP3를 들으며 3번 반복하세요. 4-9-1.mp3

1회 ◯ 2회 ◯ 3회 ◯

3단계: 한자

学校里边有咖啡厅吗?

有, 图书馆楼里有咖啡厅。

离这儿远吗?

不远, 我们学校不太大。

有多少公里?

五百米, 走路用不了十分钟。

단어

里边 lǐbian
안쪽

咖啡厅 kāfēitīng
커피숍

离 lí
~로부터

公里 gōnglǐ
킬로미터(km)

米 mǐ
미터(m)

用不了 yòng bu liǎo
(많아서) 다 쓸 수 없다

DAY 9 여기서 어떻게 가나요? | 89

离这儿有多远?
여기서 얼마나 멀어요?

1단계: 해석

실례지만 말씀 좀 묻겠습니다. 역사박물관이 어디죠?

시청과 중산공원 중간에 있습니다.

여기서 얼마나 멀어요?

여기서 박물관까지 대략 800미터입니다.

어떻게 가요?

쭉 가다가 신호등이 있는 곳에서 좌회전하면 바로 박물관입니다.

2단계: 병음

Láojià, wǒ xiǎng dǎting yíxià, lìshǐ bówùguǎn zài nǎr?

Zài shìzhèngfǔ hé zhōngshāngōngyuán zhōngjiān.

Lí zhèr yǒu duō yuǎn?

Cóng zhèr dào bówùguǎn dàgài yǒu bābǎi mǐ.

Zěnme zǒu ne?

Yìzhí zǒudào hónglǜdēng nàr, wǎng zuǒ guǎi jiù shì bówùguǎn.

3단계: 한자

劳驾, 我想打听一下,
历史博物馆在哪儿?

在市政府和中山公园中间。

离这儿有多远?

从这儿到博物馆大概有八百米。

怎么走呢?

一直走到红绿灯那儿,
往左拐就是博物馆。

단어

劳驾 láojià
실례합니다

打听 dǎting
물어보다, 알아보다

市政府 shìzhèngfǔ
시청

多远 duō yuǎn
얼마나 멀어요?

从…到… cóng…dào…
~에서 ~까지

往左拐 wǎng zuǒ guǎi
왼쪽으로 돌다, 좌회전하다

坐出租车怎么样?

택시를 타는 건 어때요?

1단계: 해석

저는 맥주박물관에 가려고 합니다.

말씀 좀 묻겠습니다,
여기서 어떻게 가나요?

이 길을 따라서 곧장 가면 됩니다.

걸어서 갈 수 있나요?

갈 수 있습니다.
그다지 가깝진 않지만 그래도
걸어가는 게 편합니다.

택시를 타는 건 어때요?

2단계: 병음

Wǒ yào qù píjiǔ bówùguǎn.

Qǐngwèn, cóng zhèlǐ zěnme zǒu?

Shùnzhe zhè tiáo lù yìzhí wǎng qián zǒu.

Kěyǐ zǒuzhe guòqù ma?

Kěyǐ. Suīrán bú tài jìn, kěshì zǒulù háishi hěn fāngbiàn.

Zuò chūzūchē zěnmeyàng?

3단계: 한자

我要去啤酒博物馆。

请问, 从这里怎么走?

顺着这条路一直往前走。

可以走着过去吗?

可以。虽然不太近,
可是走路还是很方便。

坐出租车怎么样?

단어

博物馆 bówùguǎn
박물관

顺着 shùnzhe
~에 따르다

条 tiáo
갈래, 줄기, 가닥
지형과 관련된 가늘고 긴 것을 세는 단위

虽然 suīrán
비록~일지 라도

还是 háishi
역시

方便 fāngbiàn
편리하다

走着去要多长时间?

걸어서 얼마나 걸리나요?

1단계: 해석

택시를 타도 되지만, 너무 가까워요.

바로 가는 버스는 없어요?

없어요.

걸어서 얼마나 걸리나요?

빨리 걸으면 대략 10분, 천천히 걸으면 15분 정도 걸립니다.

네, 고맙습니다.

2단계: 병음

Kěyǐ zuò chūzūchē, kěshì tài jìn le.

Yǒu méiyǒu zhídá de gōngjiāochē ne?

Méiyǒu.

Zǒuzhe qù yào duō cháng shíjiān?

Zǒu de kuài dàgài shí fēnzhōng, zǒu de màn shíwǔ fēnzhōng.

Hǎo de, xièxie nín.

3단계: 한자

可以坐出租车, 可是太近了。

有没有直达的公交车呢?

没有。

走着去要多长时间?

走得快大概十分钟, 走得慢十五分钟。

好的, 谢谢您。

단어

出租车 chūzūchē
택시

直达 zhídá
직통하다, 직행하다

公交车 gōngjiāochē
버스

走得快 zǒu de kuài
빨리 걷다

大概 dàgài
대충, 대략

走得慢 zǒu de màn
천천히 걷다

🔊 우리말을 보고 중국어로 말해 봅시다.

1. 학교 안에 커피숍이 있나요?

2. 여기서 얼마나 멀어요?

3. 택시를 타는 건 어때요?

4. 걸어서 얼마나 걸리나요?

🔊 병음과 한자를 보고 우리말로 말해 봅시다.

1. Xuéxiào lǐbian yǒu kāfēitīng ma? 学校里边有咖啡厅吗?

2. Lí zhèr yǒu duō yuǎn? 离这儿有多远?

3. Zuò chūzūchē zěnmeyàng? 坐出租车怎么样?

4. Zǒuzhe qù yào duō cháng shíjiān? 走着去要多长时间?

DAY 10

우리 몇 시에 어디서 만날까요?

학습목표
만남, 약속과 관련된 다양한 표현을 배웁니다.

好久不见了, 您身体好吗?
오랜만입니다, 건강하시죠?

1단계: 해석	2단계: 병음
왕선생님, 오랜만입니다, 건강하시죠?	Wáng xiānsheng, hǎojiǔ bú jiàn le, nín shēntǐ hǎo ma?
오랜만이네요, 저는 건강합니다.	Hǎojiǔ bú jiàn, wǒ de shēntǐ hěn hǎo.
요즘 일은 바쁘신가요?	Zuìjìn gōngzuò máng bu máng?
별로 바쁘지 않아요, 당신은요?	Bú tài máng, nín ne?
조금 바빠요. 차를 드시겠어요 아니면 커피를 드시겠어요?	Yǒudiǎnr máng. Nín xiǎng hē chá háishi kāfēi?
커피는 마시고 싶지 않네요, 차 마실게요.	Wǒ bù xiǎng hē kāfēi, xiǎng hē chá.

MP3를 들으며 3번 반복하세요. 4-10-1.mp3

1회 ○ 2회 ○ 3회 ○

3단계: 한자

王先生, 好久不见了,
您身体好吗?

好久不见, 我的身体很好。

最近工作忙不忙?

不太忙, 您呢?

有点儿忙。
您想喝茶还是咖啡?

我不想喝咖啡, 想喝茶。

단어

好久不见 hǎojiǔ bú jiàn
오랜만입니다

最近 zuìjìn
요즘

有点儿 yǒudiǎnr
조금, 약간

忙 máng
바쁘다

茶 chá
차

咖啡 kāfēi
커피

电影几点开始?

영화는 몇 시에 시작해요?

1단계: 해석

늦은 것 같은데,
영화는 몇 시에 시작해요?

5시 15분이요.

티켓도 예매하지 않았는데,
지금 가도 표를 살 수 있어요?

늦지 않았어요,
아직 한 시간 정도 있어요.

이 영화 재미있다고 하던데요.

많은 사람들이 보고 나서
괜찮다고 하더라고요.

2단계: 병음

Shì bu shì wǎn le, diànyǐng jǐ diǎn kāishǐ?

Wǔ diǎn yí kè.

Wǒmen méi dìngpiào, xiànzài qù néng mǎidào piào ma?

Lái de jí, hái yǒu yí ge xiǎoshí.

Tīngshuō zhè bù diànyǐng hěn hǎokàn.

Hěn duō rén kànle zhīhòu, dōu shuō gǎnjué hěn búcuò.

3단계: 한자

是不是晚了, 电影几点开始?

五点一刻。

我们没订票, 现在去能买到票吗?

来得及, 还有一个小时。

听说这部电影很好看。

很多人看了之后, 都说感觉很不错。

단어

晚 wǎn
늦다

刻 kè
15분, 잠시, 짧은 시간

买到 mǎidào
사서 손에 넣다

还 hái
아직

小时 xiǎoshí
시간

之后 zhīhòu
후에

明天是不是聚餐?
내일 모임이 있지요?

1단계: 해석

내일 모임이 있지요?

내일 맞습니다. 몇 시죠?

저녁 6시인데, 장소는 변함없죠?

맞아요, 늘 만나던 장소입니다.

어떻게 가시려고요?

차를 좀 얻어 타도 괜찮을까요?

2단계: 병음

Míngtiān shì bu shì jùcān?

Shì míngtiān, jǐ diǎn?

Wǎnshang liù diǎn, dìdiǎn méi biàn ba?

Duì, háishi lǎo dìfang.

Nǐ yào zěnme qù?

Wǒ xiǎng dā nín de chē, kěyǐ ma?

3단계: 한자

明天是不是聚餐?

是明天, 几点?

晚上六点, 地点没变吧?

对, 还是老地方。

你要怎么去?

我想搭您的车, 可以吗?

단어

聚餐 jùcān
회식하다

地点 dìdiǎn
지점, 장소

变 biàn
바뀌다

还是 háishi
역시, 여전히

老地方 lǎo dìfang
늘 만나던 곳

搭车 dāchē
차를 타다

我们几点、在哪儿见面?
우리 몇 시에 어디서 만날까요?

1단계: 해석

이번 주 일요일이 친구의 생일 파티인데, 같이 갈래요?

저는 그의 친구도 아닌데, 제가 가도 괜찮을까요?

당연하죠, 당신 말고도 많은 한국인들이 올 겁니다.

어떻게 그럴 수가 있죠?

제 친구가 한국 회사에 다녀서 한국 친구들이 많아요.

그래요?
우리 몇 시에 어디서 만날까요?

2단계: 병음

Zhège xīngqītiān yǒu péngyou de shēngrì jùhuì, yìqǐ qù ma?

Wǒ bú shì tā de péngyou, wǒ qù héshì ma?

Dāngrán, chúle nǐ yǐwài, hái yǒu hěn duō Hánguórén yě huì lái de.

Zěnme huì zhèyàng?

Wǒ péngyou zài Hánguó gōngsī shàngbān, suǒyǐ yǒu hěn duō Hánguó péngyou ne!

Shì ma? Wǒmen jǐ diǎn、zài nǎr jiànmiàn?

3단계: 한자

这个星期天有朋友的生日聚会，
一起去吗？

我不是他的朋友，我去合适吗？

当然，除了你以外，
还有很多韩国人也会来的。

怎么会这样？

我朋友在韩国公司上班，
所以有很多韩国朋友呢！

是吗？我们几点、在哪儿见面？

단어

聚会 jùhuì
모이다, 모임을 갖다

合适 héshì
어울리다, 적합하다

除了…以外 chúle…yǐwài
~을 빼고는, ~말고

这样 zhèyàng
이렇게, 이와 같다

上班 shàngbān
출근하다

见面 jiànmiàn
만나다

복습하기

🔊 우리말을 보고 중국어로 말해 봅시다.

1. 오랜만입니다, 건강하시죠?

2. 영화는 몇 시에 시작해요?

3. 내일 모임이 있지요?

4. 우리 몇 시에 어디서 만날까요?

🔊 병음과 한자를 보고 우리말로 말해 봅시다.

1. Hǎojiǔ bú jiàn le, nín shēntǐ hǎo ma? 好久不见了, 您身体好吗?

2. Diànyǐng jǐ diǎn kāishǐ? 电影几点开始?

3. Míngtiān shì bu shì jùcān? 明天是不是聚餐?

4. Wǒmen jǐ diǎn、zài nǎr jiànmiàn? 我们几点、在哪儿见面?

DAY 11

핸드폰 번호를 알려 주실 수 있나요?

학 습 목 표
전화를 하거나 사람을 찾을 때 사용하는 다양한 표현을 배웁니다.

我是王老师的学生

저는 왕 선생님의 학생입니다

1단계: 해석

말씀 좀 묻겠습니다,
여기가 사무실입니까?

맞는데요, 누구를 찾으세요?

왕 선생님을 찾는데요,
저는 왕 선생님의 학생입니다.

왕 선생님은 안 계세요,
벌써 퇴근하셨어요.

왕 선생님의 핸드폰 번호를 알려
주실 수 있나요?

이렇게 하면 어때요?

2단계: 병음

Qǐngwèn, zhè shì bàngōngshì ma?

Shì, nǐ zhǎo shéi?

Zhǎo Wáng lǎoshī, wǒ shì Wáng lǎoshī de xuésheng.

Wáng lǎoshī bú zài, yǐjīng xiàbān le.

Nín néng gàosu wǒ Wáng lǎoshī de shǒujī hàomǎ ma?

Zhèyàng hǎo bu hǎo?

3단계: 한자

请问, 这是办公室吗?

是, 你找谁?

找王老师, 我是王老师的学生。

王老师不在, 已经下班了。

您能告诉我王老师的手机号码吗?

这样好不好?

단어

办公室 bàngōngshì
사무실

找 zhǎo
찾다

已经 yǐjīng
이미, 벌써

下班 xiàbān
퇴근하다

告诉 gàosu
말하다, 알리다

这样 zhèyàng
이렇게, 이와 같다

我马上跟他联系一下
제가 바로 연락해 볼게요

1단계: 해석

저에게 이름과 전화번호를 알려 주세요.

제가 왕 선생님한테 학생에게 전화해 주라고 전달할게요.

고맙습니다! 제 이름은 장밍이고, 핸드폰 번호는 010-2345-6789 입니다.

왕 선생님은 아마 지금 집에 계실 거예요.

제가 바로 연락해 볼게요.

번거롭게 해드려 죄송합니다.

2단계: 병음

Nǐ bǎ nǐ de xìngmíng hé diànhuà hàomǎ gàosu wǒ.

Wǒ huì zhuǎngào Wáng lǎoshī, ràng tā gěi nǐ dǎ diànhuà.

Xièxie! Wǒ jiào Zhāng Míng, wǒ de shǒujī hàomǎ shì líng yāo líng èr sān sì wǔ liù qī bā jiǔ.

Wáng lǎoshī xiànzài kěnéng zài jiā.

Wǒ mǎshàng gēn tā liánxì yíxià.

Máfan nín le.

3단계: 한자

你把你的姓名和电话号码告诉我。

我会转告王老师, 让他给你打电话。

谢谢! 我叫张明, 我的手机号码是010-2345-6789。

王老师现在可能在家。

我马上跟他联系一下。

麻烦您了。

단어

把 bǎ
~를, ~을
동작이 미치는 대상인 목적어를 동사 앞으로 끌어내어 처치를 나타냄

转告 zhuǎngào
전달하다

打电话 dǎ diànhuà
전화를 하다

可能 kěnéng
아마, 어쩌면

马上 mǎshàng
바로, 즉시

联系 liánxì
연락하다

刚才有人找他, 他出去了

방금 누가 찾아와서, 나갔어

1단계: 해석

한총이니?

나 한총 아니고 한총 형이야, 걔 지금 없어.

안녕하세요, 한총 어디 갔어요?

방금 누가 찾아와서, 나갔어.

언제 돌아와요?

나가면서 언제 돌아온다고 얘기하지 않았어.

2단계: 병음

Shì Hán Cōng ma?

Wǒ bú shì Hán Cōng, shì tā de gēge. Tā bú zài.

Nǐ hǎo, Hán Cōng qù nǎr le?

Gāngcái yǒu rén zhǎo tā, tā chūqù le.

Tā shénme shíhou huílái?

Tā chūqù de shíhou, méi shuō shénme shíhou huílái.

3단계: 한자

是韩聪吗?

我不是韩聪, 是他的哥哥。
他不在。

你好, 韩聪去哪儿了?

刚才有人找他, 他出去了。

他什么时候回来?

他出去的时候,
没说什么时候回来。

단어

哥哥 gēge
형, 오빠

哪儿 nǎr
어디

刚才 gāngcái
방금

出去 chūqù
나가다

什么时候 shénme shíhou
언제

回来 huílái
돌아오다

手机没电了
핸드폰이 배터리가 없네

1단계: 해석

나 너한테 전화했었는데,
네 전화기가 꺼져 있더라구.

그럴 리가. 내가 볼게.

미안, 핸드폰이 배터리가 없네.

오후에 네가 전화했었는데,
내 핸드폰에 배터리가 없었어.
무슨 일이야?

내일 시간 괜찮으면 나랑 같이
축구하러 가는 거 어때?

내일 일이 있어서, 다음에 하자.

2단계: 병음

Wǒ gěi nǐ dǎ diànhuà le, dàn nǐ de diànhuà guānjī le.

Bú huì ba, wǒ kànkan.

Duìbuqǐ a, shǒujī méi diàn le.

Xiàwǔ nǐ gěi wǒ dǎ diànhuà le, wǒ de shǒujī méi diàn le. Yǒu shì ma?

Míngtiān yǒu shíjiān dehuà, gēn wǒ yìqǐ qù tī zúqiú, zěnmeyàng?

Míngtiān yǒu shì, gǎitiān ba.

3단계: 한자

我给你打电话了,
但你的电话关机了。

不会吧, 我看看。

对不起啊, 手机没电了。

下午你给我打电话了,
我的手机没电了。有事吗?

明天有时间的话, 跟我一起去
踢足球, 怎么样?

明天有事, 改天吧。

단어

关机 guānjī
핸드폰을 끄다

没电 méi diàn
배터리가 없다

有事 yǒu shì
일이 있다

的话 dehuà
~하다면, ~이면

踢 tī
차다, 발길질하다

改天 gǎitiān
다른 날, 나중

복습하기

🗣 **우리말을 보고 중국어로 말해 봅시다.**

1. 저는 왕 선생님의 학생입니다.

2. 제가 바로 연락해 볼게요.

3. 방금 누가 찾아와서, 나갔어.

4. 핸드폰이 배터리가 없네.

🗣 **병음과 한자를 보고 우리말로 말해 봅시다.**

1. Wǒ shì Wáng lǎoshī de xuésheng. 我是王老师的学生。

2. Wǒ mǎshàng gēn tā liánxì yíxià. 我马上跟他联系一下。

3. Gāngcái yǒu rén zhǎo tā, tā chūqù le. 刚才有人找他, 他出去了。

4. Shǒujī méi diàn le. 手机没电了。

DAY 12

우리는 2학년이야

학습목표

학교 생활과 관련된 다양한 표현을 배웁니다.

你是新生吗?
너 신입생이야?

1단계: 해석

너 신입생이야?

응, 너희들도 1학년 학생이야?

아니, 우리는 2학년이야.
쟤는 유학생이야?

쟤는 중국 유학생이야.

쟤도 1학년 학생이야?

아니, 쟤는 교환학생이야.

2단계: 병음

Nǐ shì xīnshēng ma?

Shì, nǐmen yě dōu shì yī niánjí de xuésheng ma?

Bú shì, wǒmen shì èr niánjí de.
Tā shì liúxuéshēng ma?

Tā shì Zhōngguó liúxuéshēng.

Tā yě shì yī niánjí de xuésheng ma?

Bú shì, tā shì jiāohuànshēng.

MP3를 들으며 3번 반복하세요. 4-12-1.mp3

1회 ◯ 2회 ◯ 3회 ◯

3단계: 한자

你是新生吗?

是, 你们也都是一年级的学生吗?

不是, 我们是二年级的。
他是留学生吗?

他是中国留学生。

他也是一年级的学生吗?

不是, 他是交换生。

단어

新生 xīnshēng
신입생

都 dōu
모두

年级 niánjí
학년

留学生 liúxuéshēng
유학생

也 yě
~도

交换生 jiāohuànshēng
교환학생

天气这么好, 我们去兜兜风吧

날씨가 이렇게 좋은데, 바람이나 쐬러 가자

1단계: 해석

너 지금 유학생 기숙사에 있니?

응, 기숙사에 있는데!

하루 종일 기숙사에 있는데, 따분하지도 않아? 밖으로 나와 봐.

뭐 할 생각인데?

날씨가 이렇게 좋은데, 바람이나 쐬러 가자.

좋아, 바로 나갈게.

2단계: 병음

Nǐ xiànzài zài liúxuéshēng sùshè ma?

Shì, zài sùshè ne!

Zhěngtiān zài sùshè, shì bu shì hěn wúliáo? Nǐ chūlái ba.

Nǐ dǎsuàn gàn shénme?

Tiānqì zhème hǎo, wǒmen qù dōudou fēng ba.

Hǎo, wǒ mǎshàng chūqù.

3단계: 한자

你现在在留学生宿舍吗?

是, 在宿舍呢!

整天在宿舍, 是不是很无聊?
你出来吧。

你打算干什么?

天气这么好, 我们去兜兜风吧。

好, 我马上出去。

단어

宿舍 sùshè
기숙사

整天 zhěngtiān
하루종일

无聊 wúliáo
무료하다, 따분하다

打算 dǎsuàn
~할 생각이다

兜风 dōufēng
바람을 쐬다, 드라이브하다

马上 mǎshàng
바로, 즉시

我也总想爸爸妈妈

나도 항상 부모님이 그리워

1단계: 해석

왜 그래, 어디 불편해?

아무것도 아니에요,
집 생각이 좀 나서요.

향수병이네!
됐어, 그만 슬퍼해.

넌 집 생각 하나도 안나?

나도 항상 부모님이 그리워.

그래? 자, 우리 기분 전환이나
하러 나가자.

2단계: 병음

Zěnme le, nǎr bù shūfu?

Méi shénme, yǒudiǎnr xiǎngjiā le.

Shì sīxiāngbìng a!
Hǎo la, bié nánguò le.

Nǐ yìdiǎnr yě bù xiǎngjiā ma?

Wǒ yě zǒng xiǎng bàba māma.

Shì ma? Āi, wǒmen yìqǐ chūqù
sànsan xīn ba.

3단계: 한자

怎么了, 哪儿不舒服?

没什么, 有点儿想家了。

是思乡病啊! 好啦, 别难过了。

你一点儿也不想家吗?

我也总想爸爸妈妈。

是吗? 哎, 我们一起出去散散心吧。

단어

舒服 shūfu
편안하다

想家 xiǎngjiā
집을 그리워하다

思乡病 sīxiāngbìng
향수병

难过 nánguò
괴롭다, 힘들다

总 zǒng
늘, 언제나

散心 sànxīn
기분을 전환하다

不得不请假休息
어쩔 수 없이 병가를 내고 쉬고 계세요

1단계: 해석

오늘 왕 선생님이 수업에 오지 않았어요.

무슨 일 있나요?

아프시대요, 게다가 증상까지 심하고요.

어쩔 수 없이 병가를 내고 쉬고 계세요.

오늘 수업 마치고 우리 같이 왕 선생님 뵈러 가요.

그래요.

2단계: 병음

Jīntiān Wáng lǎoshī méi lái shàngkè.

Tā zěnme le?

Tā bìng le, érqiě bìng de fēicháng yánzhòng.

Bù dé bù qǐngjià xiūxi.

Jīntiān fàngxué hòu, wǒmen yìqǐ qù kànwàng Wáng lǎoshī ba.

Hǎo de.

MP3를 들으며 3번 반복하세요. 4-12-4.mp3

1회 ◯ 2회 ◯ 3회 ◯

3단계: 한자

今天王老师没来上课。

他怎么了?

他病了, 而且病得非常严重。

不得不请假休息。

今天放学后, 我们一起去看望王老师吧。

好的。

단어

上课 shàngkè
수업하다

病了 bìng le
병이 나다, 앓다

严重 yánzhòng
위급하다, 심각하다

不得不 bù dé bù
어쩔 수 없이

请假 qǐngjià
신청하다
휴가·조퇴·외출·결근·결석 등의 허락을

看望 kànwàng
방문하다, 문안하다

🔊 우리말을 보고 중국어로 말해 봅시다.

1. 너 신입생이야?

2. 날씨가 이렇게 좋은데, 바람이나 쐬러 가자.

3. 나도 항상 부모님이 그리워.

4. 어쩔 수 없이 병가를 내고 쉬고 계세요.

🔊 병음과 한자를 보고 우리말로 말해 봅시다.

1. Nǐ shì xīnshēng ma? 你是新生吗?

2. Tiānqì zhème hǎo, wǒmen qù dōudou fēng ba. 天气这么好, 我们去兜兜风吧。

3. Wǒ yě zǒng xiǎng bàba māma. 我也总想爸爸妈妈。

4. Bù dé bù qǐngjià xiūxi. 不得不请假休息。

DAY 13

가방을 지하철에 놓고 내렸어요

학습목표

일상생활과 관련된 다양한 표현을 배웁니다.

明天什么时候出发?

내일 언제 출발해요?

1단계: 해석

내일은 수업을 하지 않고, 등산을 갑니다.

좋아요! 선생님, 선생님도 가세요?

가지. 우리 과 선생님들 모두 가.

내일 언제 출발해요?

내일 오전 9시에 학교 정문 앞으로 모여라.

저희 대충 몇 시에 돌아와요?

2단계: 병음

Míngtiān bú shàngkè, qù páshān.

Tài hǎo le! Lǎoshī, nín yě qù ma?

Qù. Wǒmen xì de lǎoshī dōu qù.

Míngtiān shénme shíhou chūfā?

Míngtiān shàngwǔ jiǔ diǎn zài xuéxiào zhèngmén jíhé.

Wǒmen dàgài jǐ diǎn néng huílái?

3단계: 한자

明天不上课, 去爬山。

太好了! 老师, 您也去吗?

去。我们系的老师都去。

明天什么时候出发?

明天上午九点在学校正门集合。

我们大概几点能回来?

단어

爬山 páshān
등산하다

系 xì
학과, 과

出发 chūfā
출발하다

正门 zhèngmén
정문

集合 jíhé
집합하다

大概 dàgài
대충, 대략

祝你一路平安

잘 다녀오세요

1단계: 해석

저 내일 중국에 가요.

중국에 뭐 하러 가요?
여행하러 가요?

여행하러 가고 싶지만, 이번에는 저희 사장님 모시고 출장이요.

중국 어느 도시로 가요?
언제 돌아와요?

상하이로 가고, 다음 주 화요일에 돌아와요.

잘 다녀오세요.

2단계: 병음

Wǒ míngtiān qù Zhōngguó.

Qù Zhōngguó gàn shénme?
Qù lǚyóu ma?

Xiǎng qù lǚyóu, dàn zhè cì péi wǒmen lǎobǎn qù chūchāi.

Qù Zhōngguó nǎge chéngshì?
Shénme shíhou huílái ne?

Qù Shànghǎi, xià xīngqī'èr huílái.

Zhù nǐ yílù píng'ān.

3단계: 한자

我明天去中国。

去中国干什么? 去旅游吗?

想去旅游, 但这次陪我们老板去出差。

去中国哪个城市?
什么时候回来呢?

去上海, 下星期二回来。

祝你一路平安。

단어

旅游 lǚyóu
여행하다

这次 zhè cì
이번

陪 péi
모시다, 동반하다

出差 chūchāi
출장을 가다

城市 chéngshì
도시

一路平安 yílù píng'ān
가시는 길 평안하시길 바랍니다

我从来都睡得很晚
저는 늘 늦게 잤어요

1단계: 해석

한국에 있을 때는, 늘 늦게 잤어요.

중국에 온 이후에는요?

일찍 자고 일찍 일어나는 습관이 생겼죠.

그래요? 어떻게요?

중국에서는 모두 저녁에 잠깐 모여서 밥만 먹고 헤어지잖아요.

보아하니, 중국에서의 생활이 만족스러우신가 봐요.

2단계: 병음

Zài Hánguó de shíhou, wǒ cónglái dōu shuì de hěn wǎn.

Lái Zhōngguó yǐhòu ne?

Wǒ yǎngchéngle zǎo shuì zǎo qǐ de xíguàn.

Shì ma? Zěnme huì zhèyàng?

Zài Zhōngguó, dàjiā wǎnshang jiànmiàn chī ge fàn xiǎo jù yíxià, jiù sàn le.

Kànlái, nǐ tǐng mǎnyì zài Zhōngguó de shēnghuó de.

3단계: 한자

在韩国的时候, 我从来都睡得很晚。

来中国以后呢?

我养成了早睡早起的习惯。

是吗? 怎么会这样?

在中国, 大家晚上见面吃个饭小聚一下, 就散了。

看来, 你挺满意在中国的生活的。

단어

从来 cónglái
이제까지

睡 shuì
자다

养成 yǎngchéng
습관이 되다, 길러지다

早睡早起 zǎo shuì zǎo qǐ
일찍 자고 일찍 일어나다

习惯 xíguàn
습관

看来 kànlái
보아하니 ~하다

我的包落在地铁里了

제 가방을 지하철에 놓고 내렸어요

1단계: 해석

실례합니다.

무슨 일 있나요?

제 가방을 지하철에 놓고 내렸어요.

조급해하지 마시고, 혹시 방금 지나간 열차인가요?

가방은 얼마나 크죠? 무슨 색깔인가요?

크지 않고, 일반적인 서류 가방입니다. 검정색이고요.

2단계: 병음

Dǎrǎo yíxià.

Yǒu shì ma?

Wǒ de bāo là zài dìtiě li le.

Nín búyào zháojí, shì gāngcái guòqù de lièchē ma?

Nín de bāo duō dà? Shì shénme yánsè de?

Bú dà, shì yìbān gōngwénbāo. Hēisè de.

3단계: 한자

打扰一下。

有事吗?

我的包落在地铁里了。

您不要着急, 是刚才过去的列车吗?

您的包多大? 是什么颜色的?

不大, 是一般公文包。
黑色的。

단어

打扰 dǎrǎo
방해하다, 폐를 끼치다

落 là
빠뜨리다, 잊어버리다

着急 zháojí
조급해하다, 초조해하다

列车 lièchē
열차

颜色 yánsè
색깔

公文包 gōngwénbāo
서류 가방

복습하기

🗣 **우리말을 보고 중국어로 말해 봅시다.**

1. 내일 언제 출발해요?

2. 잘 다녀오세요.

3. 저는 늘 늦게 잤어요.

4. 제 가방을 지하철에 놓고 내렸어요.

🗣 **병음과 한자를 보고 우리말로 말해 봅시다.**

1. Míngtiān shénme shíhou chūfā? 明天什么时候出发?

2. Zhù nǐ yílù píng'ān.huílái? 祝你一路平安。

3. wǒ cónglái dōu shuì de hěn wǎn. 我从来都睡得很晚。

4. Wǒ de bāo là zài dìtiě li le. 我的包落在地铁里了。

DAY 14

저는 영업부의 장밍이라고 합니다

학습목표
직장 생활과 관련된 다양한 표현을 배웁니다.

认识您很高兴

만나 뵙게 되어 기쁩니다

1단계: 해석

안녕하세요! 저는 영업부의 장밍이라고 합니다.

안녕하세요! 공항으로 저를 마중 나와 주셔서 고맙습니다.

만나 뵙게 되어 기쁩니다.

저도 뵙게 되어 기쁩니다. 잘 부탁드립니다.

짐을 들어드리겠습니다.

아니에요, 별로 무겁지 않아요, 제가 들겠습니다.

2단계: 병음

Nín hǎo! Wǒ shì yíngxiāobù de, jiào Zhāng Míng.

Nín hǎo! Fēicháng gǎnxiè lái jīchǎng jiē wǒ.

Rènshi nín hěn gāoxìng.

Rènshi nín wǒ yě hěn gāoxìng. Qǐng duōduō guānzhào.

Wǒ bāng nǐ ná xiāngzi.

Bú yòng bú yòng, bú tài zhòng, wǒ zìjǐ lái.

3단계: 한자

您好! 我是营销部的, 叫张明。

您好! 非常感谢来机场接我。

认识您很高兴。

认识您我也很高兴。
请多多关照。

我帮你拿箱子。

不用不用, 不太重, 我自己来。

단어

营销部 yíngxiāobù
영업부

接 jiē
마중하다

认识 rènshi
알다

关照 guānzhào
보살피다, 돌보다

拿 ná
잡다, 들다

重 zhòng
무겁다

六点钟我来接您

여섯 시에 제가 모시러 오겠습니다

1단계: 해석

먼저 호텔로 모시고 가겠습니다.

회사로 바로 가는게 아닌가요?

저희 회사에 급한 일이 있어서,
먼저 호텔에 가서 쉬세요.

저녁에 사장님께서 함께 식사를
하고 싶어 하십니다.

여섯 시에 제가 모시러 오겠습니다.

네, 우리 저녁에 만나요.

2단계: 병음

Wǒ xiān dài nín qù jiǔdiàn.

Bù zhíjiē qù guì gōngsī ma?

Wǒmen gōngsī li zhèng yǒu jí shì,
nín xiān dào jiǔdiàn xiūxi yíxià.

Wǎnshang wǒmen zǒngjīnglǐ
xiǎng gēn nín yìqǐ chīfàn.

Liù diǎn zhōng wǒ lái jiē nín.

Hǎo, wǒmen wǎnshang jiàn.

3단계: 한자

我先带您去酒店。

不直接去贵公司吗?

我们公司里正有急事,您先到酒店休息一下。

晚上我们总经理想跟您一起吃饭。

六点钟我来接您。

好, 我们晚上见。

단어

带 dài
인솔하다

直接 zhíjiē
직접, 바로

正 zhèng
마침

休息 xiūxi
휴식하다, 쉬다

总经理 zǒngjīnglǐ
사장님

点钟 diǎn zhōng
정시, 정각

你的发言准备得怎么样了?

발표 준비는 어떻게 되어 가고 있나요?

1단계: 해석	2단계: 병음
내일 회의하는 거 모두에게 알렸나요?	Míngtiān kāihuì, tōngzhī dàjiā le ba?
네, 이미 모두에게 알렸습니다.	Shì de, yǐjīng tōngzhī dàjiā le.
맞다, 발표 준비는 어떻게 되어 가고 있나요?	Duìle, nǐ de fāyán zhǔnbèi de zěnmeyàng le?
최선을 다해 준비하고 있습니다.	Wǒ zhèng jìnlì zuò ne.
이번 회의의 메인은 당신의 발표입니다.	Zhè cì huìyì zuì zhòngyào de jiù shì nǐ de fāyán.
안심하세요, 사장님, 반드시 잘 해낼 겁니다.	Nín fàngxīn, lǎobǎn, wǒ yídìng zuòhǎo.

3단계: 한자

明天开会, 通知大家了吧?

是的, 已经通知大家了。

对了,
你的发言准备得怎么样了?

我正尽力做呢。

这次会议最重要的就是你的
发言。

您放心, 老板, 我一定做好。

단어

开会 kāihuì
회의를 하다

通知 tōngzhī
통지하다

发言 fāyán
발표하다, 발언하다

尽力 jìnlì
온 힘을 다하다

会议 huìyì
회의

放心 fàngxīn
안심하다

你要不要一起吃?
같이 드실래요?

1단계: 해석	2단계: 병음
점심 먹으러 안가요?	Nǐ bú qù chī wǔfàn ma?
오늘 제가 도시락을 가져와서, 나가서 먹지 않으려고요.	Jīntiān wǒ dài fàn le, bù chūqù chī le.
아니면 제가 오늘 좀 많이 가져 왔는데, 같이 드실래요?	Wǒ jīntiān dài de bǐjiào duō, nǐ yào bu yào yìqǐ chī?
괜찮을까요?	Kěyǐ ma?
괜찮아요, 같이 먹어요.	Kěyǐ, yìqǐ chī ba.
그럼 사양하지 않고 먹을게요, 고마워요.	Nà wǒ jiù bú kèqi le, xièxie nǐ.

3단계: 한자

你不去吃午饭吗?

今天我带饭了,不出去吃了。

我今天带得比较多,你要不要一起吃?

可以吗?

可以,一起吃吧。

那我就不客气了,谢谢你。

단어

午饭 wǔfàn
점심

带饭 dài fàn
밥을 준비해 오다

出去 chūqù
나가다

比较 bǐjiào
비교적

一起 yìqǐ
함께

不客气 bú kèqi
천만에요, 별말씀을요

🔊 우리말을 보고 중국어로 말해 봅시다.

1. 만나 뵙게 되어 기쁩니다.

2. 여섯 시에 제가 모시러 오겠습니다.

3. 발표 준비는 어떻게 되어 가고 있나요?

4. 같이 드실래요?

🔊 병음과 한자를 보고 우리말로 말해 봅시다.

1. Rènshi nín hěn gāoxìng. 认识您很高兴。

2. Liù diǎn zhōng wǒ lái jiē nín. 六点钟我来接您。

3. Nǐ de fāyán zhǔnbèi de zěnmeyàng le? 你的发言准备得怎么样了?

4. Nǐ yào bu yào yìqǐ chī? 你要不要一起吃?

DAY 15

방을 하나 예약하고 싶습니다

학습목표

호텔에서 사용하는 다양한 표현을 배웁니다.

我想预订一个房间
방을 하나 예약하고 싶습니다

1단계: 해석	2단계: 병음
한국호텔입니다.	Zhèlǐ shì Hánguó jiǔdiàn.
방을 하나 예약하고 싶습니다.	Wǒ xiǎng yùdìng yí ge fángjiān.
어느 날로 예약하시겠어요?	Nín yào yùdìng nǎ yī tiān?
다음 주 월, 화요일이요.	Xià xīngqīyī、èr.
어떤 방을 원하세요?	Nín yào shénmeyàng de fángjiān?
일반룸으로 부탁합니다.	Wǒ yào biāozhǔnjiān.

3단계: 한자

这里是韩国酒店。

我想预订一个房间。

您要预订哪一天?

下星期一、二。

您要什么样的房间?

我要标准间。

단어

酒店 jiǔdiàn
호텔

预订 yùdìng
예약하다

房间 fángjiān
방

下星期 xià xīngqī
다음 주

什么样 shénmeyàng
어떠한, 어떤 모양

标准间 biāozhǔnjiān
일반룸

你要住几天?
며칠 동안 머무르실 건가요?

1단계: 해석

며칠 동안 머무르실 건가요?

하룻밤이요, 하루에 얼마죠?

하루 숙박료는 15만원입니다.

거기에 조식 포함인가요?

포함이고, 식당은 2층입니다.

몇 시부터 식사가 가능한가요?

2단계: 병음

Nǐ yào zhù jǐ tiān?

Yí ge wǎnshang, yì tiān duōshao qián?

Yì tiān de fángfèi shì shíwǔwàn hányuán.

Nà bāokuò zǎocān ma?

Bāokuò, cāntīng zài èr lóu.

Jǐ diǎn kāishǐ yòngcān ne?

3단계: 한자

你要住几天?

一个晚上, 一天多少钱?

一天的房费是十五万韩元。

那包括早餐吗?

包括, 餐厅在二楼。

几点开始用餐呢?

단어

住 zhù
살다, 머물다

房费 fángfèi
숙박료, 투숙비

韩元 hányuán
원화, 한화

包括 bāokuò
포함하다

餐厅 cāntīng
식당

用餐 yòngcān
식사를 하다

我要刷卡

카드로 하겠습니다

1단계: 해석

방 하나를 예약했는데요.

여권을 보여 주세요.

네, 여기요.

보증금은 현금으로 하시겠어요 아니면 카드로 하시겠어요?

카드로 하겠습니다.

이게 카드 키이고, 2112호입니다.

2단계: 병음

Wǒ yǐjīng dìnghǎole yí ge fángjiān.

Qǐng chūshì yíxià nín de hùzhào.

Hǎo de, gěi nǐ.

Yājīn shì yòng xiànjīn háishi shuā kǎ?

Wǒ yào shuā kǎ.

Zhè shì nín de fángkǎ, shì èr yāo yāo èr hào.

MP3를 들으며 3번 반복하세요. 🔊 4-15-3.mp3

1회 ◯ 2회 ◯ 3회 ◯

3단계: 한자

我已经订好了一个房间。

请出示一下您的护照。

好的, 给你。

押金是用现金还是刷卡?

我要刷卡。

这是您的房卡, 是2112号。

단어

订 dìng
예약하다

出示 chūshì
내보이다, 제시하다

护照 hùzhào
여권

押金 yājīn
보증금

刷卡 shuā kǎ
카드를 긁다

房卡 fángkǎ
카드 키, 객실 열쇠

DAY 15 방을 하나 예약하고 싶습니다 | 153

这是您的行李吗?

이것이 당신의 짐인가요?

1단계: 해석

이것이 당신의 짐인가요?

네, 짐이 많죠?

여행 가방 두 개와 핸드백 하나 맞죠?

맞아요.

여행 가방은 여기 두어도 될까요?

네, 고맙습니다. 이건 팁입니다.

2단계: 병음

Zhè shì nín de xíngli ma?

Shì, xíngli hěn duō ba?

Liǎng ge lǚxíngxiāng hé yí ge shǒutíbāo, duì ba?

Duì.

Lǚxíngxiāng fàng zài zhèr, kěyǐ ma?

Kěyǐ, xièxie, zhè shì xiǎofèi.

3단계: 한자

这是您的行李吗?

是, 行李很多吧?

两个旅行箱和一个手提包, 对吧?

对。

旅行箱放在这儿, 可以吗?

可以, 谢谢, 这是小费。

단어

行李 xíngli
짐

旅行箱 lǚxíngxiāng
여행 가방

手提包 shǒutíbāo
핸드백

放 fàng
놓다

可以 kěyǐ
~해도 좋다, ~해도 된다

小费 xiǎofèi
팁

복습하기

🔊 우리말을 보고 중국어로 말해 봅시다.

1. 방을 하나 예약하고 싶습니다.

2. 며칠 동안 머무르실 건가요?

3. 카드로 하겠습니다.

4. 이것이 당신의 짐인가요?

🔊 병음과 한자를 보고 우리말로 말해 봅시다.

1. Wǒ xiǎng yùdìng yí ge fángjiān. 我想预订一个房间。

2. Nǐ yào zhù jǐ tiān? 你要住几天?

3. Wǒ yào shuā kǎ. 我要刷卡。

4. Zhè shì nín de xíngli ma? 这是您的行李吗?

DAY 16

같이 배드민턴 치러 가실래요?

일상생활과 관련된 다양한 표현을 배웁니다.

这个价格是打完折的吗?
이 가격은 세일 가격인가요?

1단계: 해석

저는 원피스를 좀 보려고요.

이 옷 어떠세요?

이 가격은 세일 가격인가요?

네, 예쁘고 싸죠.

많이 커 보이는데요,
좀 작은 것은 없나요?

있어요, 잠시만요.

2단계: 병음

Wǒ kànkan liányīqún.

Nín kànkan zhè jiàn zěnmeyàng?

Zhège jiàgé shì dǎwán zhé de ma?

Duì, yòu piàoliang yòu piányi.

Kànqǐlái tài féi le,
yǒu méiyǒu shòu yìdiǎnr de?

Yǒu, qǐng děng yíxià.

3단계: 한자

我看看连衣裙。

您看看这件怎么样?

这个价格是打完折的吗?

对, 又漂亮又便宜。

看起来太肥了,
有没有瘦一点儿的?

有, 请等一下。

단어

连衣裙 liányīqún
원피스

件 jiàn
벌, 개
물건, 일, 사건 등의 수량 단위

价格 jiàgé
가격

打折 dǎzhé
할인하다

肥 féi
(옷 등이)헐렁헐렁하다

瘦 shòu
(옷 등이)꼭 끼다, 작다

明天晚上你有时间吗?
내일 저녁에 시간 있니?

1단계: 해석	2단계: 병음
내일 저녁에 시간 있니?	Míngtiān wǎnshang nǐ yǒu shíjiān ma?
시간 있는데, 무슨 일이야?	Yǒu shíjiān, yǒu shìr ma?
내일이 내 생일이라, 생일파티를 하려고.	Míngtiān shì wǒ de shēngrì, wǒ zhǔnbèi jǔbàn yí ge shēngrì wǎnhuì.
너도 참석할래?	Nǐ yě lái cānjiā, hǎo ma?
몇 시에 시작인데?	Jǐ diǎn kāishǐ?
저녁 7시, 너 꼭 와야 돼!	Wǎnshang qī diǎn, nǐ yídìng yào lái ya!

MP3를 들으며 3번 반복하세요. 4-16-2.mp3

1회 ◯   2회 ◯   3회 ◯

3단계: 한자

明天晚上你有时间吗?

有时间, 有事儿吗?

明天是我的生日, 我准备举办一个生日晚会。

你也来参加, 好吗?

几点开始?

晚上7点, 你一定要来呀!

단어

时间 shíjiān
시간

准备 zhǔnbèi
~하려고 하다

举办 jǔbàn
열다, 거행하다

参加 cānjiā
참가하다

开始 kāishǐ
시작하다

一定 yídìng
반드시, 꼭

这个周末我想去打羽毛球

이번 주말에 배드민턴 치러 가려고요

1단계: 해석

저 이번 주말에 배드민턴 치러 갈 건데, 같이 가실래요?

치고 싶은데 제가 배드민턴을 못 쳐요.

한 번도 쳐 본 적 없어요?

없어요.

괜찮아요, 제가 가르쳐 드릴게요.

정말요? 계속 배우고 싶었는데 기회가 없었어요!

2단계: 병음

Zhège zhōumò wǒ xiǎng qù dǎ yǔmáoqiú, nǐ yào bu yào gēn wǒ yìqǐ qù?

Xiǎng qù, kěshì wǒ bú huì dǎ yǔmáoqiú.

Yí cì yě méiyǒu dǎguo ma?

Méiyǒu.

Bú yàojǐn, wǒ kěyǐ jiāojiao nǐ.

Zhēn de ma? Yìzhí xiǎng xué, jiù shì méiyǒu jīhuì ne!

3단계: 한자

这个周末我想去打羽毛球, 你要不要跟我一起去?

想去, 可是我不会打羽毛球。

一次也没有打过吗?

没有。

不要紧, 我可以教教你。

真的吗? 一直想学, 就是没有机会呢!

단어

打 dǎ
치다

羽毛球 yǔmáoqiú
배드민턴

一次 yí cì
한 번

不要紧 bú yàojǐn
괜찮다, 대수롭지 않다

一直 yìzhí
줄곧, 계속

机会 jīhuì
기회

你喜欢什么运动?
어떤 운동을 좋아하세요?

1단계: 해석

어떤 운동을 좋아하세요?

수영을 좋아하는데, 잘 하지는 못해요.

몇 미터 헤엄칠 수 있나요?

50미터요. 수영할 줄 아세요?

저는 평영만 할 줄 알아요. 다른 건 못하고요.

저도 같아요.

2단계: 병음

Nǐ xǐhuan shénme yùndòng?

Wǒ xǐhuan yóuyǒng, kěshì yóu de bú tài hǎo.

Néng yóu duōshao mǐ?

Néng yóu wǔshí mǐ.
Nǐ huì yóuyǒng ma?

Wǒ zhǐ huì wāyǒng. Qítā de bú huì.

Wǒ yě yíyàng.

3단계: 한자

你喜欢什么运动?

我喜欢游泳, 可是游得不太好。

能游多少米?

能游五十米。你会游泳吗?

我只会蛙泳。其他的不会。

我也一样。

단어

游泳 yóuyǒng
수영하다

可是 kěshì
그러나, 하지만

米 mǐ
미터(m)

蛙泳 wāyǒng
평영, 개구리헤엄

其他 qítā
기타, 다른

一样 yíyàng
같다

복습하기

🔊 우리말을 보고 중국어로 말해 봅시다.

1. 이 가격이 세일 가격인가요?

2. 내일 저녁에 시간 있니?

3. 이번 주말에 배드민턴 치러 가려고요.

4. 어떤 운동을 좋아하세요?

🔊 병음과 한자를 보고 우리말로 말해 봅시다.

1. Zhège jiàgé shì dǎwán zhé de ma? 这个价格是打完折的吗?

2. Míngtiān wǎnshang nǐ yǒu shíjiān ma? 明天晚上你有时间吗?

3. Zhège zhōumò wǒ xiǎng qù dǎ yǔmáoqiú. 这个周末我想去打羽毛球。

4. Nǐ xǐhuan shénme yùndòng? 你喜欢什么运动?

DAY 17

매일 몇 시에 일어나요?

일상생활과 관련된 다양한 표현을 배웁니다.

你学钢琴学了几年了?
피아노를 배운 지 몇 년 되셨어요?

1단계: 해석	2단계: 병음
피아노를 배운 지 몇 년 되셨어요?	Nǐ xué gāngqín xuéle jǐ nián le?
3년 배웠어요.	Xuéle sān nián le.
그럼 잘 치시겠네요?	Nà yídìng tán de búcuò ba?
그런대로 괜찮아요.	Hái xíng ba.
왕밍과 비교하면 누가 더 잘해요?	Nǐ gēn Wáng Míng bǐ, shéi tán de gèng hǎo?
그와 비교하면, 저는 아직 멀었어요.	Gēn tā bǐ, wǒ hái chà de yuǎn ne.

3단계: 한자

你学钢琴学了几年了?

学了三年了。

那一定弹得不错吧?

还行吧。

你跟王明比,谁弹得更好?

跟他比,我还差得远呢。

단어

钢琴 gāngqín
피아노

弹 tán
(악기를)치다, 연주하다

不错 búcuò
좋다

还行 hái xíng
그런대로 괜찮다

比 bǐ
비교하다

差得远 chà de yuǎn
아직 멀었다

吃的还行, 天气不太适应

먹는 건 괜찮은데, 날씨가 적응이 안 되네요

1단계: 해석	2단계: 병음
여기 생활은 익숙해졌나요?	Nǐ duì zhèlǐ de shēnghuó xíguàn ma?
온지 반년이 지나서, 이미 익숙해졌어요.	Láile bàn nián le, yǐjīng xíguàn le.
음식, 생활 모두 문제 없나요?	Chī de zhù de dōu méi wèntí ma?
먹는 건 괜찮은데, 날씨가 적응이 안 되네요.	Chī de hái xíng, tiānqì bú tài shìyìng.
왜요?	Zěnme le?
여기 날씨는 너무 건조해요.	Zhèlǐ de tiānqì tài gānzào le.

3단계: 한자

你对这里的生活习惯吗?

来了半年了, 已经习惯了。

吃的住的都没问题吗?

吃的还行, 天气不太适应。

怎么了?

这里的天气太干燥了。

단어

习惯 xíguàn
습관, 익숙해지다

已经 yǐjīng
이미, 벌써

住 zhù
살다, 머물다

天气 tiānqì
날씨

适应 shìyìng
적응하다

干燥 gānzào
건조하다

几点去上班?
몇 시에 출근하나요?

1단계: 해석

매일 몇 시에 일어나요?

매일 6시 정도요.

몇 시에 출근하나요?

8시에 출근합니다.

평소에는 언제 퇴근해서 집에 돌아오나요?

일정하지 않아요.
정시에 퇴근할 때도 있고,
아주 늦게 퇴근할 때도 있어요.

2단계: 병음

Nǐ měitiān jǐ diǎn qǐchuáng?

Měitiān liù diǎn zuǒyòu.

Jǐ diǎn qù shàngbān?

Bā diǎn qù shàngbān.

Píngcháng shénme shíhou xiàbān huíjiā ne?

Bù yídìng. yǒu shíhou zhǔnshí xiàbān, yǒu shíhou hěn wǎn cái néng xiàbān.

3단계: 한자

你每天几点起床?

每天六点左右。

几点去上班?

8点去上班。

平常什么时候下班回家呢?

不一定。有时候准时下班,有时候很晚才能下班。

단어

起床 qǐchuáng
일어나다

左右 zuǒyòu
가량, 안팎, 쯤

平常 píngcháng
평소

有时候 yǒu shíhou
가끔씩

准时 zhǔnshí
정시에, 제때에

才 cái
비로소

STEP 04 这儿感觉很特别
여기는 아주 특별한데요

1단계: 해석	2단계: 병음
여기는 아주 특별한데요.	Zhèr gǎnjué hěn tèbié.
눈썰미가 좋으시네요.	Yǎnlì búcuò.
여기는 '서울의 쁘띠프랑스'에요.	Zhèlǐ shì "Shǒu'ěr li de xiǎo Fǎguó".
무슨 뜻이에요?	Shénme yìsi?
여기에 많은 프랑스 사람들이 살아요.	Zài zhèlǐ jūzhù de Fǎguórén hěn duō.
어쩐지, 여기 프랑스 음식점이 정말 많더라고요!	Nánguài, zhèlǐ Fǎguó fēngwèi de cāntīng zhème duō!

MP3를 들으며 3번 반복하세요. 4-17-4.mp3

1회 ○ 2회 ○ 3회 ○

3단계: 한자

这儿感觉很特别。

眼力不错。

这里是"首尔里的小法国"。

什么意思?

在这里居住的法国人很多。

难怪, 这里法国风味的餐厅这么多!

단어

特别 tèbié
특별하다

眼力 yǎnlì
안목, 눈썰미

法国 Fǎguó
프랑스

意思 yìsi
뜻, 의미

居住 jūzhù
거주하다

难怪 nánguài
어쩐지

우리말을 보고 중국어로 말해 봅시다.

1. 피아노를 배운 지 몇 년 되셨어요?

2. 먹는 건 괜찮은데, 날씨가 적응이 안 되네요.

3. 몇 시에 출근하나요?

4. 여기는 아주 특별한데요.

병음과 한자를 보고 우리말로 말해 봅시다.

1. Nǐ xué gāngqín xuéle jǐ nián le? 你学钢琴学了几年了?

2. Chī de hái xíng, tiānqì bú tài shìyìng. 吃的还行。天气不太适应。

3. Jǐ diǎn qù shàngbān? 几点去上班?

4. Zhèr gǎnjué hěn tèbié. 这儿感觉很特别。

DAY 18

제 취미는 영화 감상입니다

학습목표

취미활동과 관련된 다양한 표현을 배웁니다.

你有什么爱好?
어떤 취미가 있나요?

1단계: 해석

어떤 취미가 있나요?

제 취미는 영화 감상입니다.

중국 영화 좋아하시나요?

당연히 좋아하죠,
중국 영화는 재미있어요.

어떤 장르의 영화를 좋아하세요?

코미디를 좋아합니다.

2단계: 병음

Nǐ yǒu shénme àihào?

Wǒ de àihào shì kàn diànyǐng.

Nǐ xǐhuan kàn Zhōngguó diànyǐng ma?

Dāngrán xǐhuan kàn le,
Zhōngguó diànyǐng hěn yǒu yìsi.

Xǐhuan kàn nǎ zhǒng lèixíng de diànyǐng?

Wǒ xǐhuan kàn xǐjùpiàn.

MP3를 들으며 3번 반복하세요. 🎧 4-18-1.mp3

1회 ○ 2회 ○ 3회 ○

3단계: 한자 | 단어

你有什么爱好?

我的爱好是看电影。

你喜欢看中国电影吗?

当然喜欢看了,
中国电影很有意思。

喜欢看哪种类型的电影?

我喜欢看喜剧片。

爱好 àihào
취미, 애호

电影 diànyǐng
영화

有意思 yǒu yìsi
재미있다

种 zhǒng
종류

类型 lèixíng
유형

喜剧片 xǐjùpiàn
코미디

DAY 18 제 취미는 영화 감상입니다 | 179

我对中国书法特别感兴趣
중국의 서예에 관심이 아주 많아요

1단계: 해석

평소 여가 시간에는 무엇을 하나요?

중국에 오기 전엔 특별한 취미가 없었어요.

중국에 오고 나서는요?

중국의 서예에 관심이 아주 많아요.

붓글씨 잘 쓰세요?

잘 못 써요, 그래서 배우려고요!

2단계: 병음

Nǐ píngcháng yèyú shíjiān zuò shénme?

Lái Zhōngguó yǐqián méi shénme tèbié de àihào.

Lái Zhōngguó yǐhòu ne?

Wǒ duì Zhōngguó shūfǎ tèbié gǎn xìngqù.

Xiě máobǐzì xiě de zěnmeyàng?

Xiě de bù hǎo, suǒyǐ yào xué ma!

3단계: 한자

你平常业余时间做什么？

来中国以前没什么特别的爱好。

来中国以后呢？

我对中国书法特别感兴趣。

写毛笔字写得怎么样？

写得不好，所以要学嘛！

단어

业余 yèyú
업무 외, 여가

以前 yǐqián
이전

书法 shūfǎ
서예

感兴趣 gǎn xìngqù
좋아하다, 관심이 있다

写 xiě
쓰다

毛笔字 máobǐzì
붓글씨

我也想学
저도 배우고 싶어요

1단계: 해석

태극권 할 줄 아세요?

하긴 하는데 잘 못해요.

저도 못해요. 배우고 싶지 않아요?

배우고 싶어요.

저도 배우고 싶어요. 내일 등록하러 갈 건데, 같이 갈래요?

좋아요, 내일 만나요.

2단계: 병음

Nǐ huì dǎ tàijíquán ma?

Huì shì huì, kěshì dǎ de bù hǎo.

Wǒ bú huì. Nǐ xiǎng bu xiǎng xué?

Xiǎng xué.

Wǒ yě xiǎng xué. Míngtiān wǒ qù bàomíng, gēn wǒ yìqǐ qù ma?

Hǎo, míngtiān jiàn.

3단계: 한자

你会打太极拳吗?

会是会, 可是打得不好。

我不会。你想不想学?

想学。

我也想学。明天我去报名, 跟我一起去吗?

好, 明天见。

단어

太极拳 tàijíquán
태극권

会 huì
…할 줄 알다

A是A A shì A
A하긴 A하다

可是 kěshì
그러나, 하지만

报名 bàomíng
등록하다

一起 yìqǐ
함께, 같이

什么时候开始上课?

언제 수업 시작해요?

1단계: 해석

선생님, 저희가 태극권을 배우려고 하는데, 여기서 등록할 수 있나요?

할 수 있어요.

언제 수업 시작해요?

다음 주에 시작합니다. 매주 화, 목, 토요일에 수업을 합니다.

매일 하는 게 아니고요?

다시 한 번 말씀 드리지만, 매주 화, 목, 토요일 오후 5시입니다. 잊지 마세요.

2단계: 병음

Lǎoshī, wǒmen xiǎng xué tàijíquán, zhèr kěyǐ bàomíng ma?

Kěyǐ.

Shénme shíhou kāishǐ shàngkè?

Xià xīngqī kāishǐ.
Měi xīngqī'èr、sì、liù shàngkè.

Bú shì měitiān shàng ma?

Wǒ zài shuō yí biàn, měi xīngqī'èr、sì、liù xiàwǔ wǔ diǎn, jìzhu le.

MP3를 들으며 3번 반복하세요. 🎧 4-18-4.mp3

1회 ◯　2회 ◯　3회 ◯

3단계: 한자

老师, 我们想学太极拳,
这儿可以报名吗?

可以。

什么时候开始上课?

下星期开始。
每星期二、四、六上课。

不是每天上吗?

我再说一遍, 每星期二、四、六
下午五点, 记住了。

단어

开始 kāishǐ
시작하다

上课 shàngkè
수업하다

下星期 xià xīngqī
다음 주

每天 měitiān
매일

一遍 yí biàn
한 번

记住 jìzhu
확실히 기억해 두다

우리말을 보고 중국어로 말해 봅시다.

1. 어떤 취미가 있나요?

2. 중국의 서예에 관심이 아주 많아요.

3. 저도 배우고 싶어요.

4. 언제 수업 시작해요?

병음과 한자를 보고 우리말로 말해 봅시다.

1. Nǐ yǒu shénme àihào? 你有什么爱好?

2. Wǒ duì Zhōngguó shūfǎ tèbié gǎn xìngqù. 我对中国书法特别感兴趣。

3. Wǒ yě xiǎng xué. 我也想学。

4. Shénme shíhou kāishǐ shàngkè? 什么时候开始上课?

DAY 19

집세가 얼마인가요?

학습목표
집을 구할 때 사용하는 다양한 표현을 배웁니다.

昨天您看了几套房子?
어제 집을 몇 군데나 봤어요?

1단계: 해석

어제 집을 몇 군데나 봤어요?

네 집이나 봤는데, 그다지 만족스럽지 않았어요.

왜요?

어떤 집은 너무 오래됐고, 어떤 집은 주변 환경이 좋지 않아서요.

오늘 우리 몇 집 더 보죠?

좋아요.

2단계: 병음

Zuótiān nín kànle jǐ tào fángzi?

Kànle sì tào, dōu bú tài mǎnyì.

Wèi shénme ya?

Yǒu de tài lǎo le, yǒu de zhōuwéi huánjìng bú tài hǎo.

Jīntiān wǒmen zài kàn jǐ tào, hǎo bu hǎo?

Hǎo.

3단계: 한자

昨天您看了几套房子?

看了四套, 都不太满意。

为什么呀?

有的太老了, 有的周围环境不太好。

今天我们再看几套, 好不好?

好。

단어

套 tào
채, 동, 개 집, 건물을 세는 양사

房子 fángzi
주택

满意 mǎnyì
만족하다

有的 yǒu de
어떤 것, 어떤 사람

周围 zhōuwéi
주위, 주변

环境 huánjìng
환경

我还是要一整天都有阳光的
저는 하루 종일 해가 드는 게 좋아요

1단계: 해석

이 집은 다 좋아요, 그런데……

그런데 뭐요?

오후에 해가 들지 않아요.

네, 이 집은 동남향이에요.

저는 하루 종일 해가 드는 집이 좋아요.

그럼 내일 제가 정남향 집을 보여 드릴게요.

2단계: 병음

Zhè tào fángzi dōu hěn búcuò, búguò……

Búguò shénme?

Xiàwǔ méiyǒu yángguāng.

Shì de, zhè tào fángzi shì cháo dōngnán de.

Wǒ háishi yào yì zhěngtiān dōu yǒu yángguāng de.

Nà míngtiān wǒ dài nǐ qù kàn cháo zhèngnán de.

3단계: 한자

这套房子都很不错, 不过……

不过什么?

下午没有阳光。

是的, 这套房子是朝东南的。

我还是要一整天都有阳光的。

那明天我带你去看朝正南的。

단어

不错 búcuò
좋다

不过 búguò
그런데, 하지만

阳光 yángguāng
햇빛

朝 cháo
~을 향하여, ~쪽 으로

还是 háishi
~하는 편이 더 좋다

一整天 yì zhěngtiān
하루 종일

如果你满意, 我们就买吧
만약 당신 마음에 들면, 우리 그냥 사요

1단계: 해석

오늘 집을 몇 군데나 봤어요?

여러 군데 봤어요.

어땠어요? 마음에 드는 집은 없었나요?

한 집이 괜찮더라구요.

그럼 우리 이번 주 일요일에 같이 보러 가요.

만약 당신 마음에 들면, 우리 그냥 사요.

2단계: 병음

Jīntiān kànle jǐ tào fángzi?

Kànle hǎo jǐ tào.

Zěnmeyàng? Yǒu méiyǒu mǎnyì de?

Yǒu yí tào fángzi hěn búcuò.

Nà wǒmen zhège xīngqītiān yìqǐ qù kànkan.

Rúguǒ nǐ mǎnyì, wǒmen jiù mǎi ba.

3단계: 한자

今天看了几套房子？

看了好几套。

怎么样？有没有满意的？

有一套房子很不错。

那我们这个星期天一起去看看。

如果你满意，我们就买吧。

단어

今天 jīntiān
오늘

好几 hǎo jǐ
여러, 몇

怎么样 zěnmeyàng
어때요

那 nà
그럼, 그렇다면

一起 yìqǐ
함께, 같이

如果 rúguǒ
만약

周围环境怎么样?
주변 환경은 어때요?

1단계: 해석

집세가 얼마인가요?

한 달에 3천위안이요.

너무 비싸네요.

비싸긴 한데, 집은 정말 좋아요.

주변 환경은 어때요?

환경도 좋아요.

2단계: 병음

Fángzū duōshao qián?

Yí ge yuè sānqiān kuài.

Tài guì le.

Guì shì guì,
kěshì fángzi shì zhēn hǎo.

Zhōuwéi huánjìng zěnmeyàng?

Huánjìng yě hěn búcuò.

MP3를 들으며 3번 반복하세요. 4-19-4.mp3

1회 ○ 2회 ○ 3회 ○

3단계: 한자

房租多少钱?

一个月三千块。

太贵了。

贵是贵, 可是房子是真好。

周围环境怎么样?

环境也很不错。

단어

房租 fángzū
집세, 임대료

一个月 yí ge yuè
한 달

太 tài
매우, 무척

贵 guì
비싸다

可是 kěshì
그러나, 하지만

真 zhēn
확실히, 정말로

🔊 우리말을 보고 중국어로 말해 봅시다.

1. 어제 집을 몇 군데나 봤어요?

2. 저는 하루 종일 해가 드는 게 좋아요.

3. 만약 당신 마음에 들면, 우리 그냥 사요.

4. 주변 환경은 어때요?

🔊 병음과 한자를 보고 우리말로 말해 봅시다.

1. Zuótiān nín kànle jǐ tào fángzi? 昨天您看了几套房子?

2. Wǒ háishi yào yì zhěngtiān dōu yǒu yángguāng de. 我还是要一整天都有阳光的。

3. Rúguǒ nǐ mǎnyì, wǒmen jiù mǎi ba. 如果你满意, 我们就买吧。

4. Zhōuwéi huánjìng zěnmeyàng? 周围环境怎么样?

DAY 19

어디가 불편하세요?

학 습 목 표
병원과 약국에서 사용하는 다양한 표현을 배웁니다.

肚子疼
배가 아파요

1단계: 해석

어디가 불편하세요?

배가 아픈데, 약을 먹어도 안 되네요.

무엇을 드셨어요?

회를 좀 먹었어요.

술 드셨어요?

청주를 좀 마셨어요.

2단계: 병음

Nǐ nǎr bù shūfu?

Dùzi téng, chīle yào, yě bù xíng.

Nǐ chī shénme le?

Chīle yìxiē shēngyúpiàn.

Hējiǔ le méiyǒu?

Hēle diǎnr qīngjiǔ.

3단계: 한자

你哪儿不舒服?

肚子疼, 吃了药, 也不行。

你吃什么了?

吃了一些生鱼片。

喝酒了没有?

喝了点儿清酒。

단어

舒服 shūfu
편안하다

肚子 dùzi
배

疼 téng
아프다

不行 bù xíng
안 된다

生鱼片 shēngyúpiàn
생선회

清酒 qīngjiǔ
청주

您要什么药?
어떤 약을 드릴까요?

1단계: 해석

어떤 약을 드릴까요?

감기약이요, 목이 아프고, 기침도 합니다.

심해요? 종합감기약 드릴까요?

네, 이틀치 주세요.

하루 세 번 식후 30분에 복용 하시고, 되도록이면 푹 쉬세요.

네, 얼마죠?

2단계: 병음

Nín yào shénme yào?

Wǒ yào gǎnmàoyào, sǎngzi téng, hái késou.

Yánzhòng ma? Yào bu yào quánxiào gǎnmàoyào?

Hǎo de, yào liǎng tiān de.

Yì tiān sān cì, fàn hòu sānshí fēnzhōng fúyòng, zuìhǎo néng xiūxi yíxià.

Hǎo de, duōshao qián?

3단계: 한자

您要什么药?

我要感冒药, 嗓子疼, 还咳嗽。

严重吗? 要不要全效感冒药?

好的, 要两天的。

一天三次, 饭后三十分钟服用, 最好能休息一下。

好的, 多少钱?

단어

感冒药 gǎnmàoyào
감기약

嗓子 sǎngzi
목구멍, 목소리

咳嗽 késou
기침하다

饭后 fàn hòu
식후

服用 fúyòng
복용하다

最好 zuìhǎo
~하는 게 제일 좋다

星期天药店不开门吗?
일요일에 약국 문 안 여나요?

1단계: 해석

일요일에 약국 문 안 여나요?

보통 안 열어요.

모든 약국이 문을 안 여나요?

꼭 그렇지는 않아요.

편의점에서 상비약 파나요?

감기약이나 소화제 같은 건 팔아요.

2단계: 병음

Xīngqītiān yàodiàn bù kāimén ma?

Yìbān bù kāimén.

Suǒyǒu de yàodiàn dōu bù kāimén ma?

Bù yídìng.

Biànlìdiàn li bú mài chángbèiyào ma?

Mài yìxiē gǎnmàoyào hé xiāohuàyào.

3단계: 한자

星期天药店不开门吗?

一般不开门。

所有的药店都不开门吗?

不一定。

便利店里不卖常备药吗?

卖一些感冒药和消化药。

단어

药店 yàodiàn
약국

开门 kāimén
문을 열다, 영업하다

所有 suǒyǒu
모든

不一定 bù yídìng
반드시 ~한 것은 아니다

便利店 biànlìdiàn
편의점

常备药 chángbèiyào
상비약

那为什么他对你这么好?

그럼 걔가 왜 이렇게 너한테 잘하겠어?

1단계: 해석

걔 너 좋아하는 거 아니야?

무슨 소리야?

그럼 걔가 왜 이렇게 너한테 잘하겠어?

걔가 나한테 잘하든 말든 상관 안 해.

정말?

나는 걔한테 관심이 하나도 없거든.

2단계: 병음

Tā shì bu shì xǐhuan nǐ?

Zěnme shuōhuà ne?

Nà wèi shénme tā duì nǐ zhème hǎo?

Wúsuǒwèi tā duì wǒ hǎo bu hǎo.

Zhēn de ma?

Wǒ duì tā zhēn de bù gǎnmào.

MP3를 들으며 3번 반복하세요. 4-20-4.mp3

1회 ○ 2회 ○ 3회 ○

3단계: 한자

他是不是喜欢你?

怎么说话呢?

那为什么他对你这么好?

无所谓他对我好不好。

真的吗?

我对他真的不感冒。

단어

喜欢 xǐhuan
좋아하다

怎么 zěnme
어떻게

对……好 duì……hǎo
~에게 잘해 주다

这么 zhème
이렇게, 이런

无所谓 wúsuǒwèi
상관 없다, 개의치 않다

不感冒 bù gǎnmào
관심이 없다

복습하기

🗣️ 우리말을 보고 중국어로 말해 봅시다.

1. 배가 아파요.

2. 어떤 약을 드릴까요?

3. 일요일에 약국 문 안 여나요?

4. 그럼 걔가 왜 이렇게 너한테 잘하겠어?

🗣️ 병음과 한자를 보고 우리말로 말해 봅시다.

1. Dùzi téng. 肚子疼。

2. Nín yào shénme yào? 您要什么药?

3. Xīngqītiān yàodiàn bù kāimén ma? 星期天药店不开门吗?

4. Nà wèi shénme tā duì nǐ zhème hǎo? 那为什么他对你这么好?

홍상욱 프로필

- 수원과학대학교 관광비즈니스과 조교수
- EBS 라디오 〈중급 중국어〉 집필 및 진행
- TBS 〈별난 중국어〉 진행
- YTN RADIO 〈신인류 문화기행, 중국〉 진행
- 저서 『나는 50문장으로 중국출장 간다』, 『나는 50문장으로 중국무역 한다』, 『신속배달 중국어』 등 다수

입이 트이는 중국어 ④

ⓒ EBS, 차이나하우스 2017

2017년 4월 20일 초판 인쇄
2017년 4월 25일 초판 발행

기　획 | 류남이 · 차공근 · 이정은
지은이 | 홍상욱
펴낸이 | 안우리
펴낸곳 | 차이나하우스

편　집 | 신효정
디자인 | 이주현 · 강명희
등　록 | 제 303-2006-00026호
주　소 | 서울시 영등포구 영등포동 8가 56-2
전　화 | 02-2636-6271　**팩　스 |** 0505-300-6271
이메일 | chinanstory@naver.com
ISBN | 979-11-85882-32-1 13720

값: 8,800원

이 책은 저작권법에 따라 보호받는 저작물이므로 무단전재와 무단복제를 금지하며 이 책의 내용물 전부 또는 일부를 이용하려면 반드시 저작권자인 EBS와 차이나하우스의 서면 동의를 받아야 합니다. 잘못 만들어진 책은 구입한 곳에서 바꿔드립니다.